教室で教えたい
放射能と原発

子どもと考える授業のヒント

江川多喜雄
浦辺悦夫

いかだ社

目次

はじめに

2011年３月11日、東北地方太平洋沖を震源とする地震（Ｍ９）が発生し、東日本が壊滅的な被害を受けました。

その１つは地震と津波によるものでした。このことから、わたしたちの仲間は地学教育を見直し、小学校からの地形や地震の学習をどうするか検討するようになりました。これも重要なことです。

もう１つは、福島第一原子力発電所の爆発による被害です。放射性物質の除染をしなければ住めない、使えない土地ができてしまいました。そして、放射性物質の外部被曝や内部被曝を考えなければならなくなりました。

そこで、放射性物質・放射線と原子力発電所についても考えなければならなくなりました。

中・高校では、原子の学習と結びつけて授業をすることができますが、小学校では無理です。しかしながら、小学校高学年でも学習できるようにする必要があると思います。

本書は小学校高学年からの授業書としてつくってみました。実践検討をしておりませんので、不充分な点があると思いますが、試案として報告し、実践研究の役に立てようと思ったのです。この思いがかなえられれば、たいへんうれしく思います。

授業の展開は出来事（現象）を課題にし、その原因を追及するようにしてみました。課題をならべてみましょう。

1．東日本大震災から１年半以上たったのに、家に帰れない福島の人たちがいる。これはどうしてだろう？

2．放射線量の高い土地にも、一時帰宅が許された。しかし、短時間だけである。放射線は何から出ているのだろう？

3．放射性物質が各地にまき散らされたのは、どんなことによるのだろう？

4．原子力発電所が爆発した時、「家の中に入って」「遠くへ避難して」と指示したのはどういうことだろう？

5．一時帰宅した人たちは、防護服を着ていった。これで安全だろうか？

6．放射性物質が体の中に入ると、どんな害があるだろう？

7．山の竹林に生えたタケノコを出荷できないのはなぜだろうか？

8．川のアユを出荷停止にした。それは放射性セシウムが体内に多くあることがわかったので、食品としないことにしたのだ。なぜ川の魚が汚染されたのだろう？

9．2011年６月21日に、水産庁は福島原発から530kmより東の海での漁を解禁にした。カツオなどの漁ができるのだが、ここの魚はほんとうにだいじょうぶだろうか？

10. 内部被曝をしないようにするには、どうしたらよいだろう？

11. 放射性セシウムを毎日10ベクレルずつ食べ続けると、１年間に3650ベクレルが体内にたまると考えるのは正しいだろうか？

12. 校庭の土をはぎとったのは、何のためだろう？

13. 避難指示解除になった地域は、自由に立ち入ることができるが、除染をしないと外部被曝のおそれがある。では、どのような除染をしたらよいだろう？

14. 福島県の双葉町は、会津若松に「仮の町」をつくり、2016年に町立の小・中学校を再開するという。それはなぜだろう？

15. 火力発電と原子力発電はどこが違うのだろう？

16. 火力発電も原子力発電も基本的な発電のしくみは同じだが、それぞれに問題がある。何が問題だろう？

17. 原子力発電は、二酸化炭素を出さないからエコであるといわれてきたが、問題になる物を出さないだろうか？

18. 日本のどこに原発があるか調べてみよう。

19. 原子力発電所は、どのようにつくられたのだろう。また、これまでに事故がなかったのだろうか？

放射性物質と放射能、外部被爆と内部被爆、放射性物質の除染、原子力発電所とその問題点を学ぶようにしました。原子のつくりや核分裂をくわしく扱わなくても授業になるように考えました。

しかし、中高生や教師は知っていたほうがよいので、コラムとして入れるようにしました。参考になると思います。

なお、本書では放射能という言葉は使いませんでした。放射能という言葉は、放射性物質も、放射線も示す言葉として使われるので対象を明確にするために、放射性物質、放射線ということにしました。（書名に放射能をつかったのは両者をくくる便宜上である）

本来、授業づくりでは、到達目標と具体的内容を明確にし、教材を選択して、指導計画を立て学習展開を考えるという方法をとりますが、本書では、そのようにしませんでした。

それは、本書は一般の読者が読んでも理解していただけるものにするために、限られた範囲での読みものにしようとしたからです。

教師のみなさんには、本書を参考にして指導案をつくって授業をしていただけると幸いです。本書のままの授業になってもかまいません。本書の１時間の授業展開は、課題の把握→自分の考えを書き話し合う→資料を見て確かめる→確かになったことをまとめる、という流れになっています。

授業の最後は「資料を見たこと、確かになったこと」ということで、児童・生徒に自分の言葉で記述させたいと思います。それを発表しあうと、学習がさらに確かなものに、内容が深まったものになるでしょう。

課題１から課題18までの学習は、できるだけ前に学習したことを使って取り組むことができるように構成しました。

資料はほとんどが新聞記事です。もっとよいものがありましたらご使用ください。

核兵器の開発から「平和のための核利用」といって原子力発電を進めてきましたが、その科学技術がまだ人間の手におえるものになっていません。このことを理解し、今後のエネルギー獲得および、節電について考える学習ができるとうれしく思います。

2013年３月

江川多喜雄

1 福島で自分の家に帰れないのはなぜ？

ねらい

放射線の量が多い土地であるために、家に帰れない人たちがいる。

課題1 **東日本大震災から1年半以上たったのに、家に帰れない福島の人たちがいる。これはどうしてだろう？**（2012年9月時）

自分の考えを書き、話し合う

ア　地震で家が壊れた。
イ　津波で家が流された。
ウ　福島第一原発の近くで放射線の量が多い。

主にこのような意見が出るだろう。そして、アとイはそういうこともあるけど、家を建てれば住める。しかし、放射線の量が多くては危ないので、家に近づくことはできない人たちがいるのだろうと話し合う。

資料を見て話し合う

① 各地の放射線の量を表わした地図（2012年9月11日）
（単位マイクロシーベルト／時）

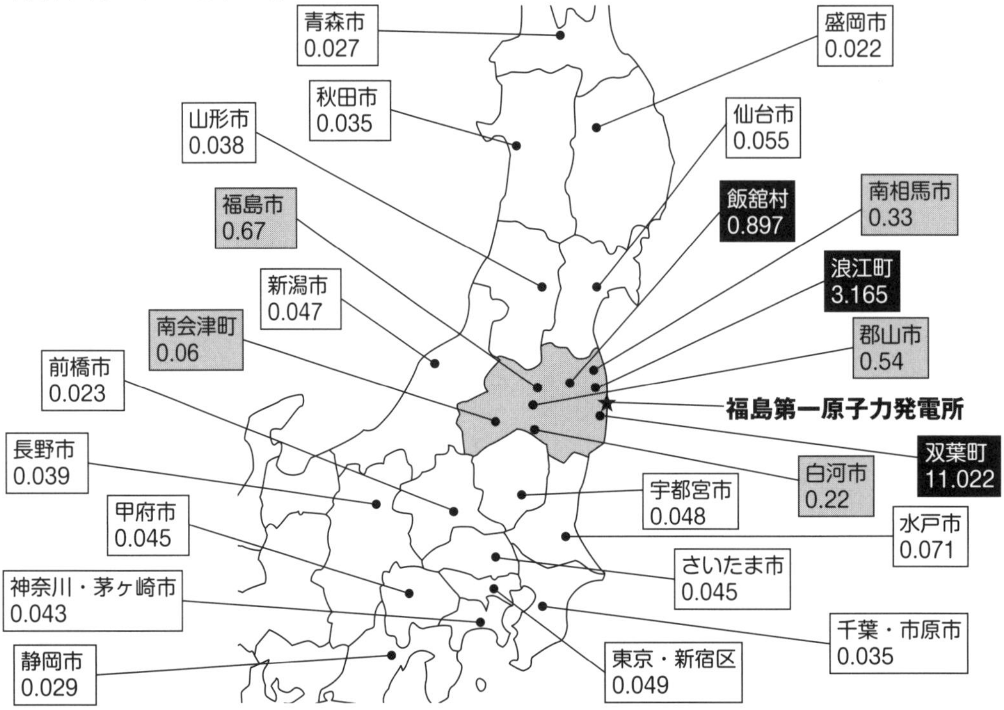

●地図を見て「わかること」を出し合う

- どこの土地にも放射線がある。
- 福島県の双葉町の放射線量がいちばん高い。
- 福島県だけ、いろいろな土地の放射線量を出してあるのはどうして？
  →福島県は特に多いからだ。福島第一原発事故があった。

② シーベルト（Sv）とは？

地域の放射線量はふつう１時間当たりの量で表わされる（Sv/時）。
（スウェーデンの科学者ロルフ・マキシミリアン・シーベルトによる）

人が受ける放射線量を表す単位

1Sv《シーベルト》 = 1000mSv《ミリシーベルト》 = 1000000μSv《マイクロシーベルト》

■0.1μSv/時でも１日そこにいると2.4μSv、１年なら876μSvの放射線を浴びることになる。
大熊町小入野の１年間の積算線量は485.6mSvであった。日本では人の住める所は１年間に20mSv以下としている。

■１Svで気分が悪くなる。
４Svで浴びた人の半分は死亡。
７Svで浴びた人のほとんどが死亡。
※国際放射線防護委員会年間被曝量の上限100mSv/年

放射線量を比べる

- どこの土地でも放射線が出ている。だいじょうぶかな？
- 福島市では0.67μSv/時だから、１日その場にいると、
  0.67μSv/時×24時＝16.08μSv。１年だと16.08μSv/日×365日=5869.2μSv。
  年に約5.87mSvは基準値（20mSv/年）より低いので大丈夫といわれている。
- 双葉町だと、11.022μSv/時だから、１日いると11.022μSv/時×24時＝264.528μSvになり、１年だと264.528μSv/日×365日＝96552.72μSvになる。
  １年に、約96.55mSvなので、基準を大きく超えているね。
- 放射線の量が大きい所ほど、体によくない。双葉町、浪江町には人が住めない。

●まとめ●
確かになったことを書く

福島県の双葉町は11.022μSv/時もあり、浪江町は3.165μSv/時である。
こういう土地は生命が危険で住むことができないので、そこに住んでいた人たちは、１年半たっても家に帰ることができないのだ。

2 放射線は何から出るの？

ねらい

放射線は、放射性物質から出る。
不安定な原子が放射線を出して、ほかの原子に変わる。

課題 2 放射線量が高い土地にも、一時帰宅が許された。しかし、短時間だけである。放射線は何から出ているのだろう？

自分の考えを書き、話し合う

・セシウム、ヨウ素って聞いたことあるよ。
・ウラン、プルトニウムっていうのも聞いたよ。

聞いたり、本や新聞で見たりしたことを出し合う。

資料を見て話し合う

資料

■放射性物質《ほうしゃせいぶっしつ》（放射線を出す物質）と放射線

原子（放射性物質）	記号	放射線
ヨウ素131	^{131}I	ベータ（β）線　ガンマ（γ）線
セシウム137	^{137}Cs	ベータ（β）線　ガンマ（γ）線
ストロンチウム90	^{90}Sr	ベータ（β）線
プルトニウム239	^{239}Pu	アルファ（α）線　ガンマ（γ）線

放射性物質は、不安定な原子であって、放射線を出してほかの原子に変わる。

ヨウ素131は、ベータ線を出してキセノン131mになり、さらにガンマ線を出してキセノン131（放射線を出さない）になる。

セシウム137は、ベータ線を出してバリウム137mになり、次にガンマ線を出してバリウム137になり安定する。

・放射性物質は不安定な原子で、ほかの原子に変わるんだ。
・その時にベータ線やガンマ線を出す。
・ベータ崩壊という言葉は、聞いたことがある。
・セシウム137がベータ線を出してバリウム137になるようなことだね。
「これは、自然の法則でだれも止めることはできないよ」

●まとめ●
確かになったことを書く

不安定な原子があって、その原子が放射線を出して他の原子に変わる。それは、安定な原子になるまで続き、誰も止めることができない。

【質問】
アルファ（α）線、ベータ（β）線、ガンマ（γ）線は、どんなものだろう。調べてみよう。

■放射線の性質

資料

放射線の特徴は電離作用である。放射線は物質にあたると電子をはね飛ばし、原子どうしの結合を切ったりしながら進む。

放射線	性質
アルファ（α）	プラス電気をおび、質量サイズ大きく、物質中をほぼまっすぐ進む。空気中なら２〜３cmほど。
ベータ(β)	マイナス電気をおび、質量小さく、物質中をジグザグに進む、空気中なら数十cm 〜数m。
ガンマ(γ)	電磁波《でんじは》、空気中なら何kmも。

放射線は触れたこともわからないし、目で見ることもできない。

〈放射線を止めるには〉

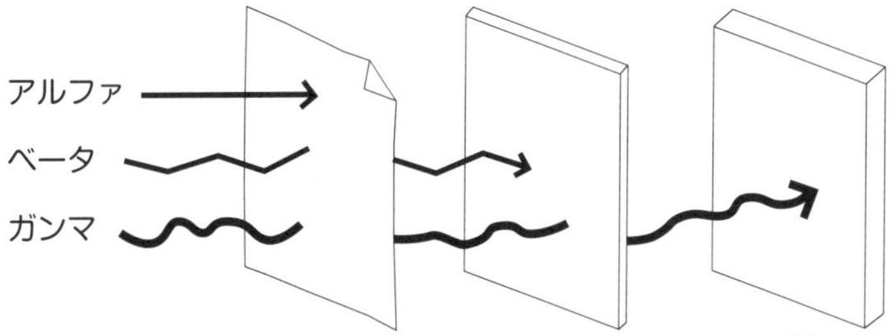

強く相互作用をするものほど早くエネルギーを失って、短い距離で止まる。α線、β線は、外部被曝を防ぎやすい。

■その物質の放射能の強さの単位はベクレル

放射線を出すものが放射性物質で、それの放射線を出す能力（働き）が放射能です。

フランスの科学者アントワーヌ・アンリ・ベクレルが1896年にウランの放射能を発見したことにちなんで、放射能の強さの単位を「ベクレル（Bq）」としました。１秒間に１個の原子がこわれて放射線を出して他の原子に変わったら１ベクレルです。

50ベクレル/１kgは、１kgの中で、１秒間に50個の原子がこわれて放射線を出していることを示します。

コラム

原子《げんし》の話

この世の中の全てのものは、原子という小さな粒《つぶ》でできています。１円玉も消しゴムも卵焼きも……です。

１円玉の厚さは約1.2mmですが、これを1.2kmくらい（歩いて20分くらい）に拡大《かくだい》したとすると、１円玉をつくっている原子の大きさは0.1mmくらいです。

こんなに小さいので目に見えませんし、卵焼きを食べても舌《した》ざわりに感じません。

地球上のほとんど全ての物質変化（食べものが消化されたり、物が燃えたり、腐《くさ》ったり）は、この原子が結びついたり離れたりして起こっています。

このような小さなものの性質がわかったことはすごいことですが、さらにこの原子が構造をもつこともわかっています。

その原子の中心には核《かく》（原子核《げんしかく》という）があり、それが重さ（質量）のほとんどを担《にな》っています。そして、その周りに質量のとても小さな電子があるのです。（ちょうど太陽を回る地球のようになっていると考えてもよいでしょう）

原子核は（＋《プラス》）の電気をもち、電子は（－《マイナス》）の電気をもつので、その引き合う力で結びついているのです。

そして、さらにこの原子核も質量のほとんど等しい２種類の粒子《りゅうし》でできていることがわかりました。（＋）の電気をもつ陽子《ようし》と、電気をもたない中性子《ちゅうせいし》です。たとえば、水素《すいそ》原子や酸素《さんそ》原子は次のようになっています。

水素原子

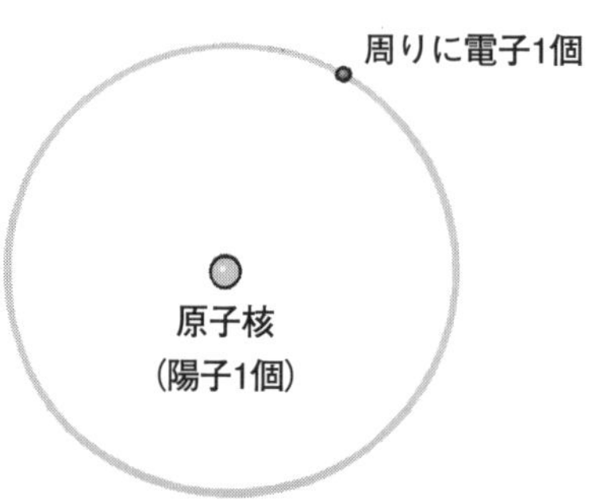

酸素原子

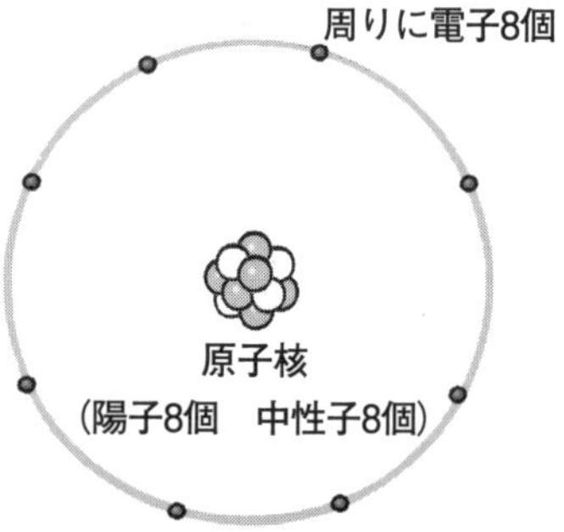

わたしたちの周りでは、原子同士の結びつき方が何らかの原因で変わることは起こりますが、この原子核が変わることはまず起こりません。(竜巻《たつまき》で家が吹き飛ばされたとしても……）原子核の中の陽子や中性子は、お互いにしっかり結びついているのです。

原子核の表し方

原子核は陽子数と中性子数で決まります。

この時、陽子数の同じものは化学的物質（ほかの原子との結びつきやすさなど）が同じなので、陽子数に応じて名前が決まっています（たとえば、陽子数８個のものは酸素で記号はO《オー》)。

次に、陽子数と中性子数をたしたものは、その原子核の重さ（質量）で、「質量数」といいます。この数をいえば、同時に中性子数も決まり、原子核が決まります。これを使う習慣です。たとえば、酸素（陽子数は８個）の原子核には、中性子数が８個、９個、10個のものが天然にあります（これらを同位体という)。中性子数が8個の酸素は、陽子が8個ですのでO《オー》16。中性子数9個の酸素は、陽子が8個なのでO《オー》17。中性子数10個の酸素は、陽子が8個なのでO《オー》18と表します。

天然にあるセシウム133（Cs133）は、陽子数55、中性子数78です。

セシウム134（Cs134）も、セシウム137（Cs137）も放射性の原子核でどちらも陽子数が55個、中性子数が、79個、82個となるのでセシウム134（55+79)、セシウム137（55+82）です。セシウム134とセシウム137は、原子炉《げんしろ》の中で核分裂《かくぶんれつ》によってできたものです。

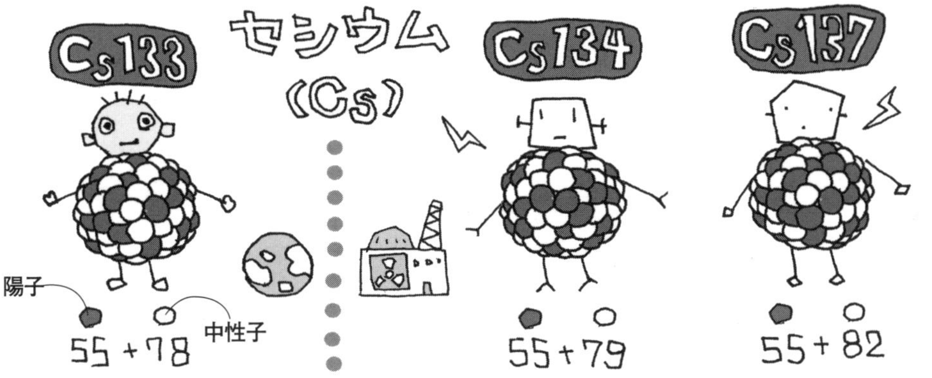

3 放射性物質はどこから？

ねらい

放射性物質は、福島第一原子力発電所の事故によって各地にまき散らされた。

課題3 放射性物質が各地にまき散らされたのは、どんなことによるのだろう？

自分の考えを書き、話し合う

・福島第一原子力発電所の事故による。
・原子力発電所が爆発を起したからだ。
・放射性物質が空気中に出されたので、風で各地に運ばれた。
・それが、雨によって地上に落ちることもあった。

資料を見て話し合う

① 福島第一原発の事故はどんな事故だったのだろう？

■福島第一原子力発電所の事故の内容 **資料1**

3月12日	1号機、コンクリート建屋《たてや》で水素爆発《すいそばくはつ》
3月14日	3号機、コンクリート建屋で水素爆発
3月15日	2号機、格納容器爆発《かくのうようきばくはつ》
3月15日	4号機、（定期点検中で休止中）使用済み核燃料プールで爆発
4月11日	原子力委員会（原発にかかわる行政や企業を監視《かんし》する機関）が発表。1時間当たり最大1万テラベクレル（1テラベクレル＝1兆ベクレル）の放射性物質を放出した。

（3月11日から4月5日までにヨウ素131とセシウム137を総量約10万テラベクレル）

・福島第一原発の運転中の3つの原子力発電所が爆発した。
・休止中の4号機も爆発した。
・そして、大量の放射性物質を空気中に放出した。
・ヨウ素131とセシウム137を半月ほどで10万テラベクレルも放出したんだ。

②　放出された放射性物質は、どのように広がったのだろう?

■放射線物質の拡散

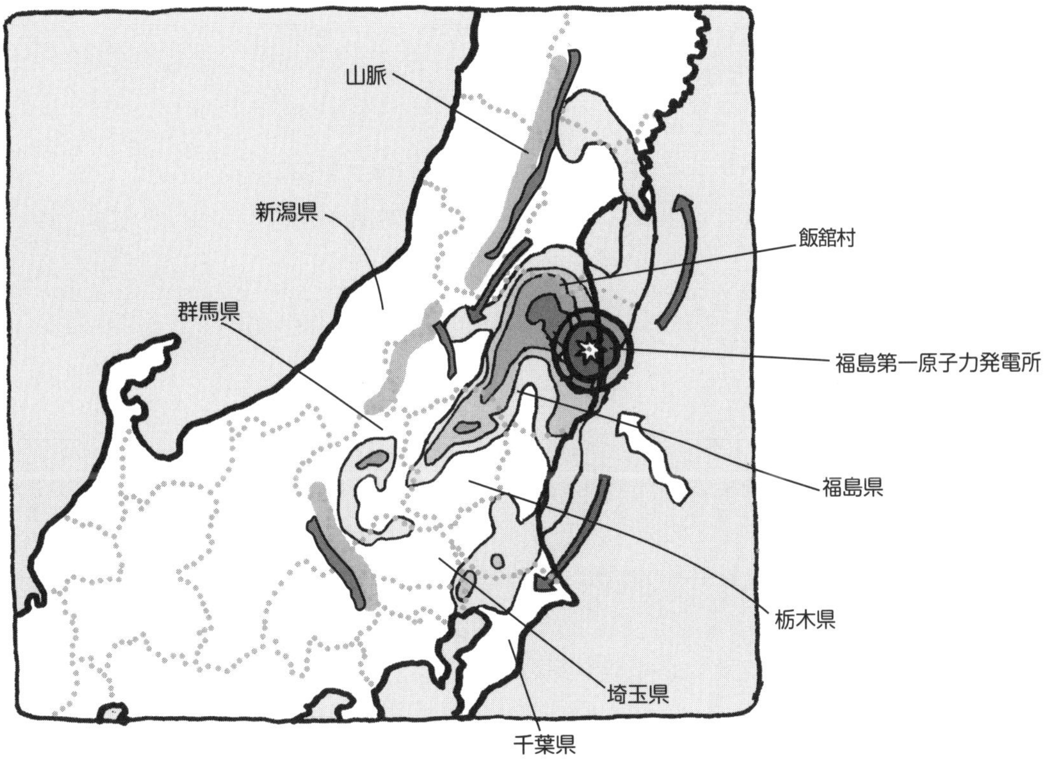

・飯舘村の方向に多く運ばれたのは、南東の風が吹いたからだろう。
・関東地方に広がったのは、山脈に沿って流されたから。
・海岸沿いにも広がった。
・海岸の近くだから海にも降った。

●まとめ●
確かになったことを書く

- 福島第一原子力発電所の爆発で、放射性物質（ヨウ素131やセシウム137など）が大量に空気中に放出された。
- 飯舘村の方向にたくさん降ったのは南東の風による。
- 関東地方へは山脈に沿って広がっている。
- 風向きと地形によって、各地に広がった。
- 海にもたくさん降った。

コラム

原子核《げんしかく》の崩壊《ほうかい》と半減期《はんげんき》

原子の中心にある原子核は、壊れない（変化しない）ものとみられてきましたが、それが壊れて変化する（これを崩壊といいます）場合があることがわかりました。それは主として、

1　陽子《ようし》や中性子《ちゅうせいし》の数が多くなって、原子核が大きくなりすぎた

2　陽子と中性子の数のバランスが悪い（多くは中性子が多すぎる）

3　陽子数と中性子数のバランスはよいが、エネルギーが高い状態にある

このような場合に壊れる（変化する）のです。その時に放出されるのが「放射線」です。

１の場合は、アルファ（α）線（ヘリウムの原子核が高速で飛び出す）で、２の場合は、ベータ（β）線（電子が高速で飛び出す）、３の場合は、壊れるとはいえないのですが、ガンマ（γ）線（ふつうX線よりもエネルギーの大きい電磁波）です。

以上のような、不安定な原子核の崩壊は、確率的に起こります。

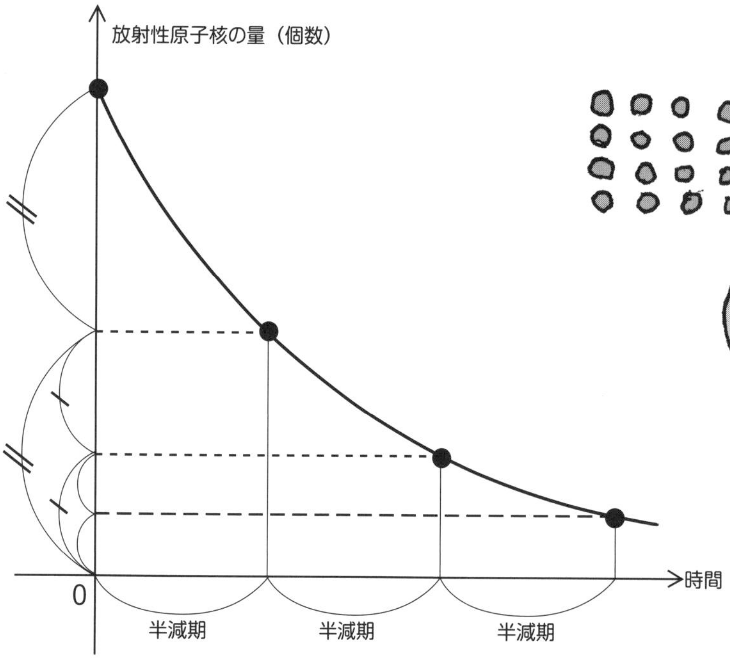

不安定な原子核がたくさんある時、その中のどれが崩壊するか決まらないのですが、「崩壊する数はその時に存在している個数に比例する」という法則があり、その結果、元の数の半分になる時間が原子核の種類によって決まってきます。これを「半減期」といいます。

つまり、1000億個あったものが、１年間で500億個になる（半減期は１年ですね）とすると、次の１年後には全てなくなるのではなく、250億個になるのです。さらに次の1年後では125億個というわけです。

グラフにすると14ページのグラフのようになり、時間がたつほど崩壊はゆるやかになります。

原子核の種類ごとの半減期は右の表のようになります。

半減期の長短でどのようなことがいえるでしょうか？

一見、半減期の長いものほど長い間放射線を出し続けるので怖いと思われがちですが、それは崩壊がゆっくり進むということであり、短い時間接するだけなら放射線は少ししか浴《あ》びないわけです。

逆に半減期の短いものは激しく放射線を出すので、短い時間でもたくさんの放射線を受けることになります。ヨウ素131の例では、半減期は比較的短く、８日間ごとに1/2になっていくので、原子炉の事故などで放出された時は、その初期に特に注意が必要です。

■半減期の例

ヨウ素131	8日
セシウム134	2年
コバルト60	5.3年
ストロンチウム90	28.8年
セシウム137	30年
ラジウム226	1600年
炭素14	5700年
プルトニウム226	2万4000年
ウラン235	7億年
カリウム40	12億5000万年
ウラン238	44億7000万年
ルビジウム87	492億年

（「理科年表」平成25年版より作成）

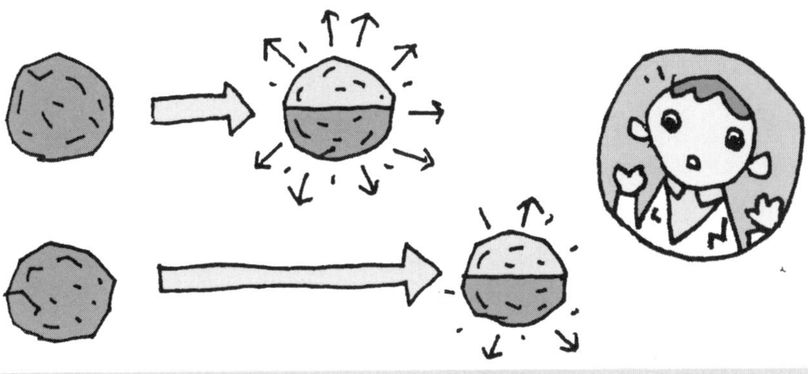

4 被曝しないためには？

ねらい

福島第一原子力発電所の事故が起きた時、「建物の中に入って」「遠くへ避難して」という指示が出たのは、被曝しないためである。

福島第一原発事故の時の指示

2011年３月11日	14:46	東日本大震災発生
	20:50	福島県知事、福島第一原発から２km圏に避難指示
	21:33	政府、３km圏に避難指示、10km圏は屋内退避
12日	5:44	政府、10km圏に避難指示
	15:36	原発１号機爆発
	18:25	避難指示20km圏に拡大
14日	11:01	３号機爆発
15日	6:00ごろ	４号機爆発
	11:00	政府、20～30km圏に屋内避難指示

※朝日新聞2012年３月13日記事より

・屋内退避というのは、「家の中に入れ」ということ、
　避難指示というのは、「遠くに逃げろ」ということだ。

課題4 **原子力発電所が爆発した時、「家の中に入って」「遠くに避難して」と指示したのはどういうことだろう？**

自分の考えを書き、話し合う

・放射線は、物でさえぎられるから家の中に入るといい。
・アルファ線とベータ線は家の中に入るといいけど、ガンマ線は壁を通り抜けるよ。
・放射性物質が飛び散っても、届かない所に逃げるといい。それが避難だろう。
・放射性物質を吸いこんだらいけないから。

などの考えが出るとよい。

指定された避難地区を見る。

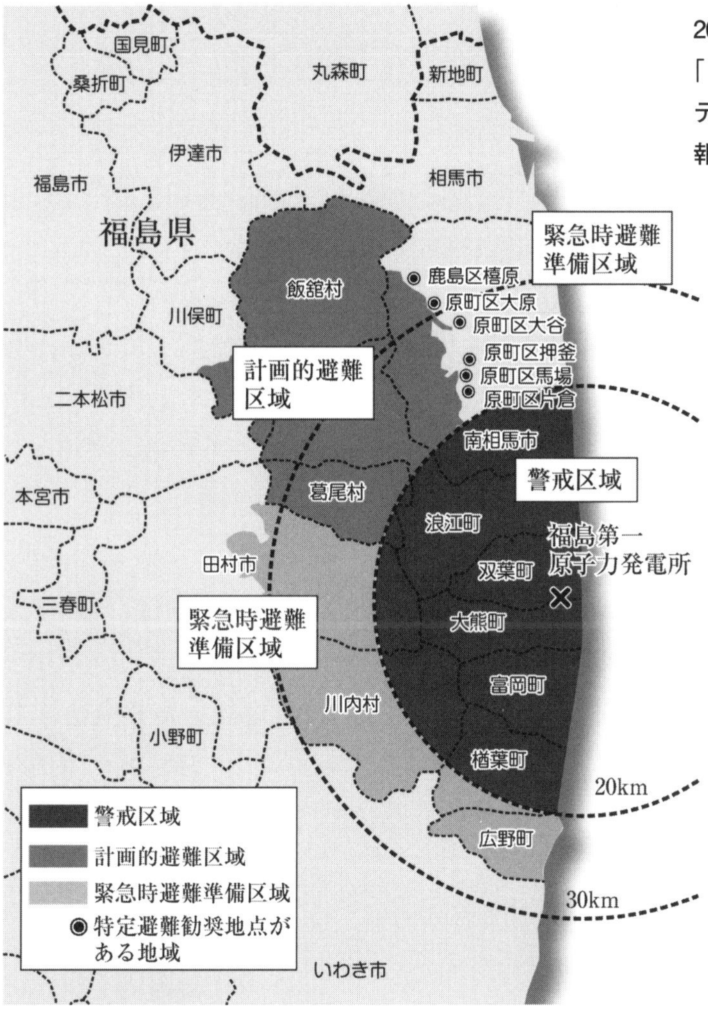

2011年４月11日、原子力委員会「１時間当たり１万テラベクレル（１テラは１兆）の放射性物質を放出」と報じる。

■警戒区域

避難指示区域、即時退避。

■計画的避難区域

準備して避難する。

■緊急時避難準備区域

室内退避が必要な区域。

■特定避難勧奨地点

年間被曝量が20ミリシーベルトを超える危険のある場所。

・福島第一原発に近い所が避難となっている。被曝しないために原発から遠くへ避難する。

・飯舘村のように30km以上はなれていても避難準備地区なのは、放射性物質が風に運ばれたからだね。

●まとめ●
確かになったことを書く

原発から遠い所ほど、直接出された放射線を浴びることがなくなるが、風向きによって、放射性物質が運ばれるので、危険な所も出てきた。

家の中に入るというのは、一時的な避難である。

5放射線の害とは？

ねらい

内部被曝すると、近い距離からの放射線で体の中のあちこちの細胞が痛めつけられる。そこで、内部被曝しないために防護服を着用する。

課題5 **一時帰宅をした人たちは、防護服を着て行った。これで安全だろうか？**

自分の考えを書き、話し合う

・放射線を防ぐためだからよいだろう。
・アルファ線とベータ線は防げるけど、ガンマ線はだめだよ。
・マスクもしているから、放射性物質を吸い込まないためではないか。
・放射性物質が体につかないようにしているんだ。

原発内作業員の防護服の資料を見て話し合う

・作業員の防護服でも1年に50mSvになると作業をやめるということは、被曝しているということだ。
・長い時間いるのは危険だ。
・作業が終ったら脱ぎ捨てるということは、防護服に放射性物質がついているからだ。

●まとめ●
確かになったことを書く

防護服は外から放射線を完全に防ぐことはできない。

放射性物質が体にくっつかないようにしたり、体の中に吸い込んだりしないようにするためのものだ。

放射線物質を他の所に広げないために、防護服は、決められた場所に脱いでおく。

布製の帽子をかぶる。
マスクをつけ、カバーオールのフードをかぶる。
防護服の下には、パンツ、丸首のシャツ、ももひき、ナイロン製の靴下をつける。
紙製のつなぎを下に着る。
ビニル製のカバーオール（上部と下部がつながっているもの）を着る。
綿手袋の上にゴム手袋をつける。
靴下を二足重ねてはく。
重いゴム製の長靴をはく。

★作業が終わったら、すべてを脱ぎ捨てる。

★このように防護しても、１年で50mSvに達すると作業を中止しなければならない。（胸には、積算線量計をつけている）

ねらい2

体の外から直接、放射線にあたるのは外部被曝といい、口や鼻などから体の中に放射性物質が取り込まれるのは内部被曝という。内部被曝をすると、体の中に入った放射性物質は放射線を出し続けるので、いろいろな病気を起こす。

課題6 放射性物質が体の中に入ると、どんな害があるだろう？

自分の考えを書き、話し合う

・がんになると聞いたことがある。
・甲状腺に異常が起きるということも聞いた。

知っていることを出し合う程度でよい。

資料を見て話し合う

資料

■内部被曝《ひばく》の例

放射性物質がたまりやすい所と病気

甲状腺《こうじょうせん》	ヨウ素131	甲状腺がん
肺	セシウム137　プルトニウム239	肺がん
肝臓	セシウム137　コバルト60	肝臓がん
骨	ストロンチウム90	白血病

・甲状腺がんはヨウ素131だ。
・セシウム137は肺、肝ぞうを病気にする。
・ストロンチウム90は骨に入って白血病にする。

●まとめ●
確かになったことを書く

放射性物質が体の中に入ると、放射線を出し続けて、がんにしたりする。ヨウ素は甲状腺、セシウムは肺、肝ぞうなど全身に、ストロンチウムは骨というように放射性物質によって入り込む所が違う。入り込んだ所を病気にする。

■ヨウ素《そ》131と甲状腺《こうじょうせん》

資料

体重70kgの人で平均12～70mgのヨウ素をもっている。ヨウ素は人体にとって必要な元素である。甲状腺がヨウ素を取り込み、甲状腺ホルモンをつくる。甲状腺ホルモンが欠けると、発育に障害《しょうがい》が起きたり、運動機能がおとろえることがある。

ヨウ素が多すぎると、甲状腺が肥大《ひだい》し、がんにもなる。ことに放射性ヨウ素を取り込むと、甲状腺に異常が起きる。

天然のヨウ素の大部分は、ヨウ素127で放射線を出さない。ヨウ素131は放射線を出す原子核である。

原発が爆発《ばくはつ》した時、ヨウ素131が放出された。原発の近くに住む人たち（40歳以下）には、安定ヨウ素剤《ざい》が配られた地域《ちいき》がある。

ヨウ素131を取り込まないために、その前に安定ヨウ素剤を飲んで、甲状腺に危なくないヨウ素をいっぱいにすれば、ヨウ素131は吸収《きゅうしゅう》されずに排出《はいしゅつ》してしまうのである。しかし安定ヨウ素剤は24時間しか効果がないので、飲む時期が難しい。

なぜ、40歳以下の人たちに配られたのか？甲状腺ホルモンは成長ホルモンの一種で、発育期の人ほど影響が大きいからである。

子どもの甲状腺がんが発症《はっしょう》するのは、ヨウ素131を吸引《きゅういん》してから４年目で、およそ10年後に患者《かんじゃ》が多くなるという。注意深く経過を見ていく必要がある。治療法《ちりょうほう》はある。

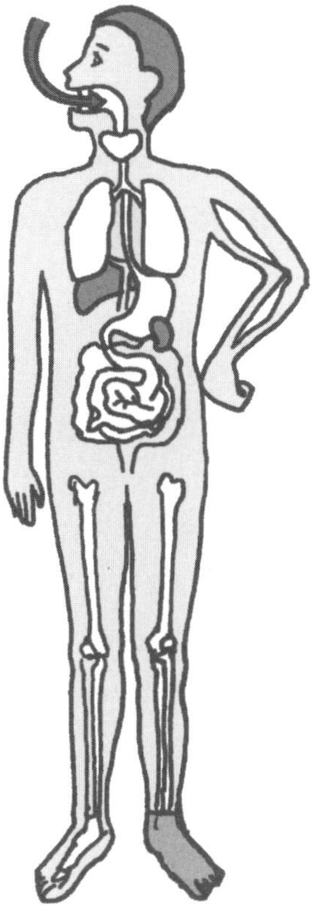

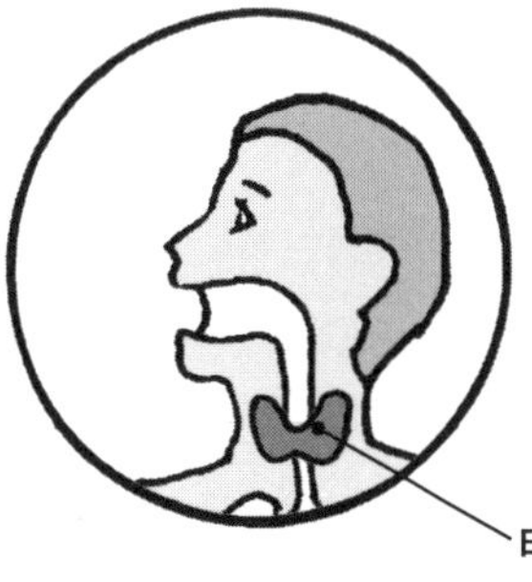

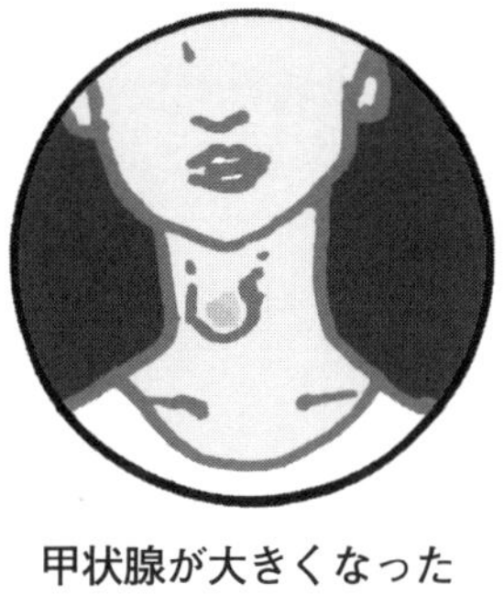

甲状腺が大きくなった

コラム

放射性物質《ほうしゃせいぶっしつ》の性質

放射線を出す原子核《げんしかく》でできている原子は、それと同じ陽子数《ようしすう》の原子（つまり名まえが同じ原子）と化学的性質が同じです（同位体という）。それで、もともと天然《てんねん》にある安定な同じ名の原子と同じようにふるまいます。

■ヨウ素《そ》131

天然のヨウ素127と同じように、分子をつくったり（この場合、気体になりやすい）、イオン性の化合物になったりします。

ベータ（β）線を出し、半減期《はんげんき》８日で放射性のキセノン131にかわります。この放射性キセノンは、独立した原子のままの気体で、ガンマ（γ）線を出し、半減期11日で安定なキセノン原子（やはり気体として存在）に変わります。半減期が短いということは、「原子がどんどん壊《こわ》れて多くの放射線を出す」ということであり、これが原子炉《げんしろ》事故《じこ》などで環境《かんきょう》に放出された場合、緊急《きんきゅう》な対策が必要になるのです。

空中をただよったものが直接人間に吸い込まれる場合もあり、地上に落下したものが農作物に取り込まれる場合もあります。

イギリスでは、その牧草を食べた牛のミルクがヨウ素131で汚染《おせん》されたということが起きました。

■放射性セシウム

セシウムは金属元素《きんぞくげんそ》に分類されますが、自然界ではイオン性の化合物として存在します。その化合物は多くが水溶性《すいようせい》です。

自然界には、放射線を出さない安定なセシウム133があります。ナトリウムやカリウムという原子と同じ仲間《なかま》（アルカリ金属という）なので、人体に取り込まれやすい性質をもちます。

原子炉の核分裂生成物《かくぶんれつせいせいぶつ》として放出された放射性セシウムは、これらと同じようにふるまいます。

放射性セシウムの主なものには、セシウム137とセシウム134があります。

セシウム137は、ベータ（β）線を出しながら半減期30年で崩壊《ほうかい》し、ほとんどは、一度準安定なバリウム137m（mは準安定を示す）に変わり、これがガンマ（γ）線を出して半減期３分で、安定なバリウム137に変わります。（簡単《かんたん》にいえば「ベータ（β）線とガンマ（γ）線を出してバリウム137に変わる」ということになる）

半減期30年ということは、１つの原子炉で１年間に生じるセシウム137が環境に放出された時、無害なほどに減るためには1000万分の１以下になるまで（量の大小が関係する）待たねばならず、それは約700年になります。

もう１つのセシウム134は、ベータ（β）線を出して半減期２年で崩壊し、安定なバリウム134になります。この過程で多くのガンマ（γ）線が放出されます。

これら放射性セシウムが不純物《ふじゅんぶつ》としてほこりなどの微粒子《びりゅうし》に含まれると、直接に人体に吸収されることになります。また、その微粒子が風で運ばれ、雨で地上に落下した時、土質によって吸着されやすい場合とされにくい場合があります。吸着されやすい土にいったん付着するとなかなか流れません。

人体に取り込まれるとカリウムのように全身に回ります。

■ストロンチウム90

ストロンチウムはカルシウムに似た性質をもちます（両者はアルカリ土類金属に分類される）。イオンになりやすく、人体に入ると骨に取り込まれます。

天然のストロンチウムの同位体は４種類あり、いずれも安定で、花火の赤色を出す材料として使われています。ストロンチウム90は放射性で、ベータ（β）線を出して半減期３日で崩壊しジルコニウム90（安定な原子核）になります。従って、骨に取り込まれると、そのベータ（β）線で被曝《ひばく》し、骨のがんや白血病《はっけつびょう》の原因となります。

■プルトニウム

天然には極微量《ごくびりょう》しか存在しない超ウラン元素の１つです。この元素の同位体の代表的なものがプルトニウム239で、アルファ（α）線を出して半減期２万4000年で崩壊しウラン235になります。他の同位体も全て放射性です。

プルトニウム239は、原子炉内《げんしろない》でウラン238が中性子を吸収して、その後２回のベータ（β）崩壊をすることによって生成されます。

もともと自然界にはなかったので、人体には成分としては不必要ですが、原子炉事故でこれら（酸化物になっている。水には非常に溶けにくい）が外に出ると微粒子（ホットパーティクルという）となって空中を漂《ただよ》い、吸入すると1/4くらいが肺に付着してしまいます。そこからα線を出すので肺がんになりやすいのです。

その毒性《どくせい》は極めて強く、肺に対する年間摂取限度《せっしゅげんど》（１mSv/年）は0.000052mgです。大型の原子力発電所ではプルトニウム239が１年間で200kg生まれます。

また、プルトニウム239は再び核分裂を起こすので核兵器《かくへいき》に使われたり、原子力発電のMOX燃料として使われます。

6 生産物を出荷できないのは？

ねらい

タケノコ、シイタケなどは山にも放射性物質が降ったため、それに汚染されていることから食べることができなくなった。汚染が基準値を超えるものは、出荷しないようにしている。

課題7　山の竹林に生えたタケノコを出荷できないのはなぜだろう？

自分の考えを書き、話し合う

・放射性物質に汚染されているから。
・原発から放出された放射性セシウムが山に降ったため、タケノコが汚染された。

資料を見て話し合う

資料の新聞記事と「タケノコの生えかた」を読む。

タケノコ農家　苦悩の廃棄

新規制値超

千葉県などでタケノコから国の新規制値（1キロ・グラム当たり100ベクレル）を超える放射性セシウムが検出され、タケノコ狩りが営業休止に追い込まれるなど影響が出ている。竹林の保全には刈り取りが必要で、廃棄のために掘り出す農家らの胸中は複雑だ。

同県木更津市のバーベキュー場「田舎暮らし」は毎年4～5月、敷地内の竹山でタケノコ狩りを楽しむ利用客でにぎわう。しかし、4日に同市産タケノコの規制値超えが判明し、市全域でタケノコ狩りはできなくなった。毎年100人ほどで来ていた団体など週末を中心に入っていた予約はすべてキャンセルとなった。

経営する影山順一さん(67)は、放置すると竹が増え、根元に日が当たらず品質が落ちるため、連日刈り取りは続ける。18日も約60本を抜き取った影山さんは「今年だけでなく、長引くようなら廃業も考えなければ」とうなだれる。

千葉県産のタケノコは18日までに木更津、市原、我孫子市、栄町など9市町で出荷停止となったほか、印西など3市も出荷自粛となっている。

栄町龍角寺の農業内田実さん(71)も竹林管理のため、出荷停止後も自宅裏山にある約9000平方メートルの竹林でタケノコを掘り出している。毎年、町内の直売所に500キロ程度を出荷し、約40万円を得ていたが、今季は掘ったタケノコはその場で土をかぶせて埋める。「食べてもらえないのに掘っても、張り合いがねえ。検査で規制値を下回った農家には出荷させてほしい」と訴えている。

タケノコの出荷停止は茨城県の9市町などでもなっており、県林政課も「タケノコは5月中旬までが旬なので、今シーズンの出荷は難しくなった。タケノコ狩りができなくなれば竹林が放置され、荒れ放題になってしまう」と懸念している。

タケノコを抜く影山さんは「収穫しても何にもならない。むなしいね」と話す（千葉県木更津市で）

（読売新聞2012年4月19日）

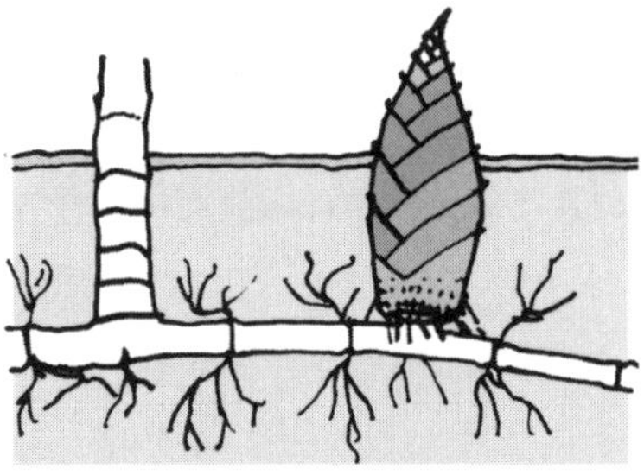

■タケノコの生え方
タケは、地面の下に地下茎を伸ばします。
タケノコは、その地下茎から生えてくるのです。

山での除染（山の土の中にセシウムが含まれていた）

落ち葉を取り除く。

さらに表土をはがす。

・山の木々にも放射性物質が降り注いで、土の中にしみこんだ。
・土の中の地下茎からはえるタケノコは、きっと放射性物質を吸収するんだ。
・雨で流されて土の中にしみ込んだんだ。

あんぽ柿　2012年も出荷自粛（除染のため、木の肌まで削ったので、幹が白色になった）

（撮影　佐藤正男）

福島県福島市、伊達市など6都市では今年も「あんぽ柿」などの出荷を自粛した。

生柿だと基準値以下だったのが、加工後は、2.8 ～ 14.5倍。

あんぽ柿　410ベクレル/kg

干し柿　　420ベクレル/kg

●まとめ●

確かになったことを書く

山の木々にも放射性物質が降って、落ち葉の中だけでなく、その下の土の中にもしみ込んでいる。

そうした土の中からはえるタケノコは汚染されてしまうんだ。だから出荷できない。

柿の実は、きっと根から水といっしょに吸い上げられた放射性物質を吸収したのだろう。

7 川や海の魚が食べられないのは？

ねらい

川や海には、直接降った放射性物質だけでなく、町や村や野山に降ったものが雨によって運ばれものも入っている。そのため、かえって放射性物質の量が多くなっている。そして、魚介類や海藻なども汚染され、出荷停止となった。
また、海では、プランクトン→小魚→大きい魚へと食物連鎖によって汚染が広がることもある。

課題 8 **川のアユを出荷停止とした。それは放射性セシウムが体内に多くあることがわかったので、食品としないことにしたのだ。なぜ川の魚が汚染されたのだろう?**

自分の考えを書き、話し合う

・川に原発から出た放射性セシウムが降って入った。
・それだけなら川の水が流れているので、すぐだいじょうぶになる。
・川には陸上の水が流れ込む。雨水が地上の放射性セシウムを流して、川に運んだのではないか。

※アユ
秋に生まれたアユは、河口に下ってプランクトンを食べて育ち、春になると川を上る。川では、石についているソウ類を食べて成長する。
6月にアユ漁が解禁になる。

資料を見て話し合う

- 川には雨の水が流れ込む。
- 放射性セシウムを含んだ雨水が川に流れ込む。川の水に放射性セシウムが多くなるので、ソウ類にも放射性物質がたまることになる。
- 放射性セシウムの含まれた川の水は海に行く。海のプランクトンも汚染される。
- プランクトンやソウ類を食べるアユの体内に放射性セシウムが入った。
- 海に流れこんだセシウムは時間がたつと、海底にたまる。海底にいるカニや小エビを食べて生きているスズキが汚染された。ということは、エビやカニが汚染されているということだ。
- カニやエビが食べる物も汚染されているのだ。
- カニやエビは、プランクトンや海藻などを食べて汚染された。
- プランクトンからカニやエビへ。そしてスズキが汚染された。

取っては戻すスズキ漁

高級魚を取っては、海に戻す。宮城の漁師が原発事故に立ち向かっている。

セシウム検出の仙台湾

ニュース NEWS KENGAI 圏外

早朝5時半、東京電力福島第一原発から北へ100㌔離れた仙台湾。宮城県東松島市の漁港から、漁師の[redacted]さん(55)が操縦する「[redacted]」が出航した。濃霧に視界をさえぎられ、防波堤も見えにくい。それでも長男の[redacted]さん(29)は「このぐらいでは休めません」。

岸から500㍍。1カ所目の定置網を4人がかりで引き上げると、大小多数の魚が船上でしぶきを上げた。ボラ、サクラマス、エイ、トラフグ、カレイ。

市場に出せず

この時期、一番のねらいはスズキだ。大きいものは80～90㌢。夏場には高いもので1匹1万円にもなる。

4カ所の定置網から揚がった10種類ほどの魚をあっという間により分け、津波で被災した石巻漁港の魚市場へ向かう。

カゴに入れた魚は仮設の大型テントへ運び入れる。だが、スズキだけは岸壁ではかりに載せて計量し、再び漁船に積まれた。

船が漁港を離れると、「さあ、やるか」。漁師たちはとれたばかりの生きたスズキをつかみ、次々と海に投げ込んだ。

4月、仙台湾のスズキから1㌔当たり137㍃の放射性セシウムが検出された。100㍃に引き下げられた食品の基準値を超えており、市場に出せない状態が続いている。

計量を終えたスズキを海に戻す[redacted]さん（右）ら＝宮城・石巻港沖、日吉健吾撮影

(朝日新聞2012年6月14日付)

※スズキ

河川下流域から岩礁域を中心とした沿岸域までの幅広い水域で見られる。産卵期は冬。多毛類、甲殻類、軟体動物、魚類などを食べる動物食性。

成長とともに呼び名が変わる（セイゴ→フッコ・ハネ→スズキ）出世魚で、体長が60cmを超える物を「スズキ」という。

●まとめ●
確かになったことを書く

地上に降り積もった放射性セシウムが雨水で川や海に運ばれ、川の魚や海の魚が汚染された。

カニやエビや小さな魚を食べるアイナメやスズキに高い濃度の放射性セシウムがあった。ということは、えさになるカニやエビや小さな魚が汚染されていて、それを食べるアイナメやスズキが汚染された。それをわたしたちが食べると、わたしたちが汚染される。

課題9 2011年6月21日に、水産庁は福島原発から約530kmより東の海での漁を解禁した。カツオなどの漁ができるのだが、ここの魚ほんとうにだいじょうぶだろうか？

自分の考えを書き、話し合う

- その海でのカツオには、放射能セシウムが少なかったのだろう。
- 食べてもだいじょうぶだったんだ。
- カツオは何を食べるの？
- カツオはイワシやイカなどを食べる。
- イワシやイカは何を食べるの？
- イワシはプランクトンを食べるので、口を大きくあけて泳いで、口に入ってきたものを食べる。イカは小さな魚を食べる。
- 小さな動物から大きな動物へと食べ物でつながっているから、カツオの体も放射性セシウムが多くなると思う。
- 大きい魚ほどたくさん食べるから、取り入れる放射性セシウムが多くなるのではないか。

■食物連鎖で考えてみよう

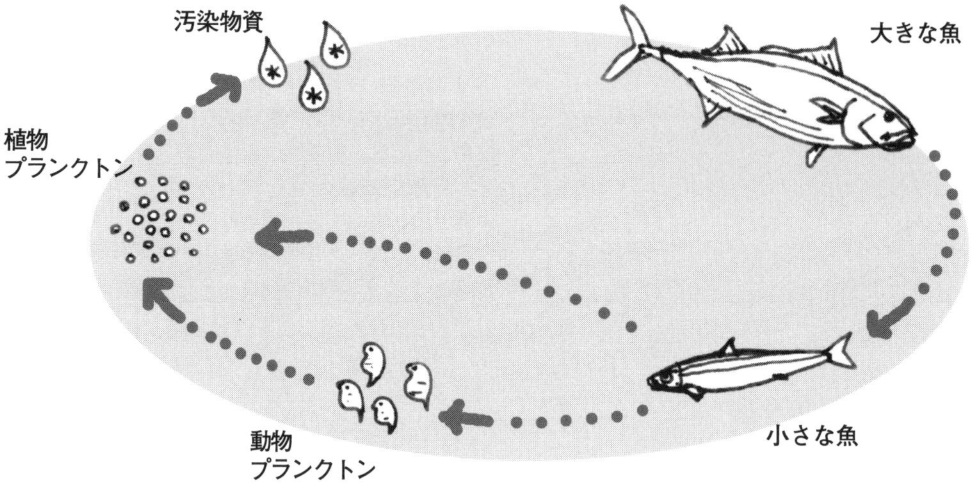

●まとめ● 確かになったことを書く

原発から遠くにいる魚は、安全なように思えても、食物連鎖で汚染が広がっていく。また大きい魚ほど、放射性物質が体内に多くなる。

■放射性物質の広がりをまとめてみよう

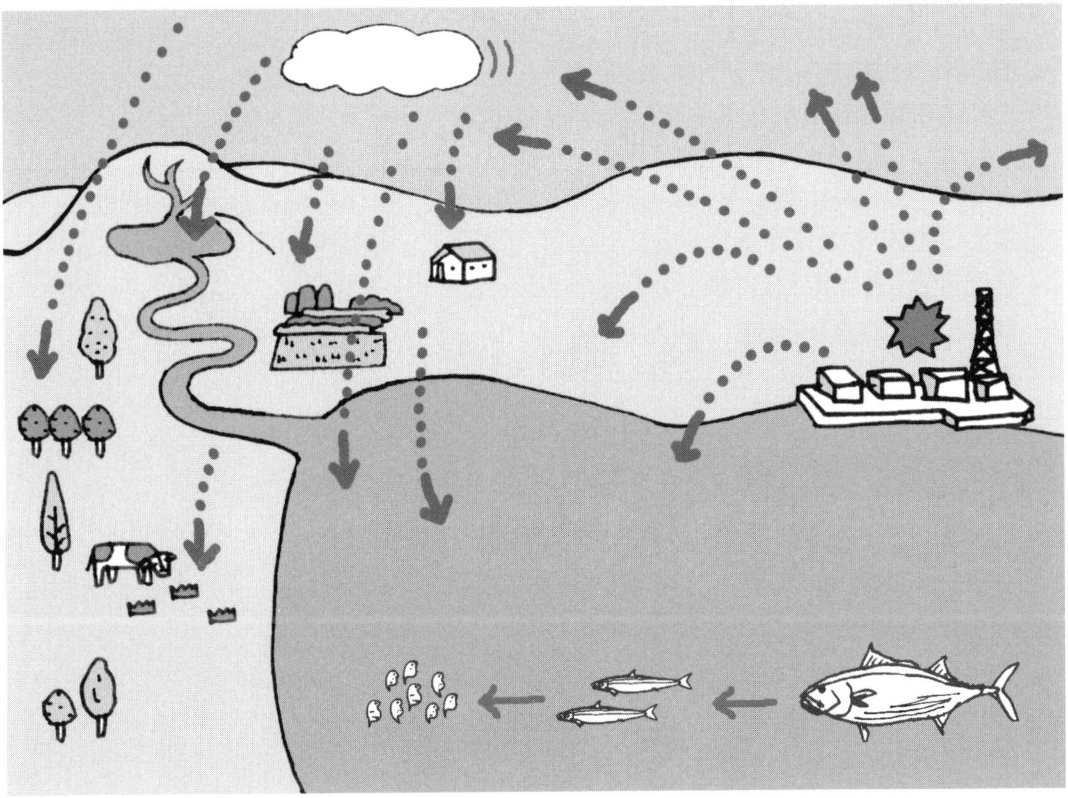

雨水で流された放射性物質は湖に川に、そして海に注ぐ。
海には、直接放射性物質が降り注いだだけでなく、川からも運ばれる。
原子力発電所から汚染水が流れ出し、海に放出された。

2011年4月15日　放射性物質の規制値を超えて、出荷できなくなった魚

●福島県の川魚のウグイ、アユ、ワカサギ
●海産物では
茨城県のコウナゴ、シラス（放射性ヨウ素が検出）
福島県のコウナゴ、アイナメ、ムラサキガイ、ホッキガニ、
ムラサキウニ、ワカメ、ヒジキ（放射性セシウムが規制値超え）

国の食品・飲料水などの安全基準値は？

原発事故発生後、放射性セシウムの食品に含まれる上限を500ベクレル/kg、飲料水・牛乳製品は200ベクレル/kgとした。
それを2012年4月以降次のように改訂した。

食品　100ベクレル/kg
乳児用食品と牛乳　50ベクレル/kg
飲料水　10ベクレル/kg

マダラ（青森県）　太平洋沖でとれたもの

●2012年６月19日　放射性セシウム116ベクレル/kg　出荷自粛《しゅっかじしゅく》
●７月25日　解除《かいじょ》
●８月９日　132.7ベクレル/kg検出　出荷自粛
　　27日　国が出荷制限《せいげん》を指示。
※制限解除には１か月以上基準値（100ベクレル/kg）を下回る必要がある。
※マダラは水深200～300ｍの海にすみ、海底にすむ小魚を食べる。

マダラ制限　八戸困惑

最盛期控え　休漁続く

基準超セシウム

スルメイカと一緒に取れたマダラ。焼却処分のためケースにまとめられた（３日午前、八戸市第２魚市場で）

青森県の太平洋沖で6月以降、マダラから国の基準値を超える放射性セシウムが検出され、休漁状態が続いている。先月27日からは出荷が制限された。福島県沖から北上してきた可能性が考えられるという。マダラ専用船以外の漁船はスルメイカ漁に期待をかけるものの、深刻な不漁に加え、混獲されるマダラの廃棄作業に追われる事態に。最盛期を控え、関係者が頭を悩ましている。

国の基準値（1キロ・グラムあたり100ベクレル）を超す116ベクレルの放射性セシウムが検出されたのは6月19日。県は各漁協に出荷自粛を要請した。7月25日に要請を解除したものの、8月9日に再び132・7ベクレルを検出。

（読売新聞2012年9月4日付）

■マダラの出荷停止を解除

政府は31日、国の基準（１キロあたり100ベクレル）を超える放射性セシウムが検出されたため８月末に指示していた青森県太平洋岸沖のマダラの出荷停止を解除した。青森県の調査で基準を下回る状況が続いているためで、２カ月ぶりに出荷が可能になる。

６月と８月に１キロあたり120～130ベクレルが検出されていた。その後に県が調べた78検体はいずれも基準を下回り、ほとんどが50ベクレル以下だった。今後も週１回の検査を続けるという。

マダラは福島県沖のほか宮城県沖の一部が出荷停止になっている。

（朝日新聞2012年11月1日付）

米（福島県）

本宮市産米「五百川」
会津坂下町産「瑞穂黄金」
限界値（25ベクレル/kg）を下回った。

その後福島県は、生産された全袋の米について放射性セシウムの量を調べることにした。

2012年10月30日現在、30kg入り袋約12000万袋のうち657万4109袋を検査した結果、基準値を超えた物（110ベクレル/kg）は1袋だった。

資料

福島早場米 東京で販売

福島県で収穫された早場米が1日、東京都江戸川区の県のアンテナショップ「ふくしま市場」の店頭に並んだ。今年産の福島米の県外販売は初めて。

本宮市産の「五百川《ごひゃくがわ》」の2キロ入り12袋、5キロ入り72袋、会津坂下町産の「瑞穂《みずほ》黄金《こがね》」の2キロ入り12袋、5キロ入り36袋が用意された。8月27日に刈り取られ、放射性物質の全袋検査ですべて、検出できる限界値（1キロあたり25ベクレル）を下回り、安全を確認済みだ。

午前9時の開店直後から買い物客が訪れた。同区の主婦西村人美さん(38)は「検査もして安全だし、福島を支援したい。2歳の長男にも食べさせます」と話した。五百川の生産農家の後藤正人さん(32)は、「自信を持って安全だとお伝えしたい。粘りも香りもよく、早場米でこれだけの品質のものはありません」と胸を張った。

（朝日新聞2012年9月1日付）

野生キノコ 広範囲汚染
青森・長野・静岡…10県で出荷制限

東京電力福島第一原発から200キロ以上離れた青森県や長野県、静岡県で今秋、野生キノコから法定基準を超える放射性セシウムが検出されている。原発事故があった昨年は福島だけだったが、今年はずっと広範囲に及んでいる。「こんな遠いところで、なぜ今年に」。各地の観光地や飲食店に衝撃が広がっている。

秋田県産など出荷制限のない地域の野生キノコが並んだ八百屋の店先＝青森市古川

観光地「なぜ今年」

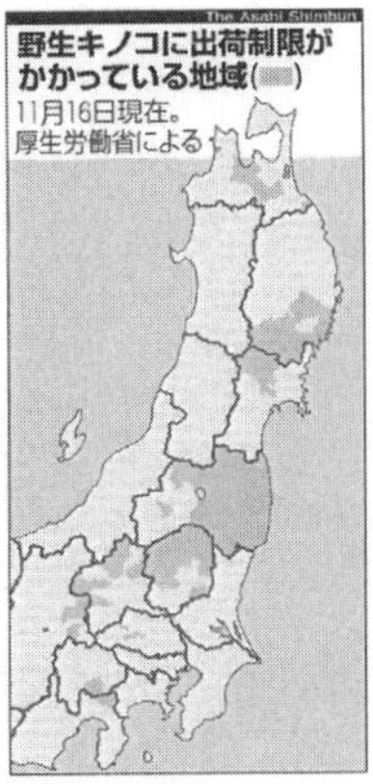

福島第一原発から北へ350キロ離れた青森県十和田市。10月、市内の八甲田山系で採れたチチタケから、食品衛生法が定める基準値（1キロあたり100ベクレル）を超える120ベクレルの放射性セシウムが検出された。国は出荷制限を指示し、県は市内で採れたナメコやクリタケなど全種類の野生キノコの販売を禁じた。

「客の8割が注文していたキノコの天ぷらや鍋が出せなくなった。経営に大打撃だ」。十和田市の観光業の男性(42)は途方に暮れる。キノコ料理目当てのリピーターも多いといい、「『青森も放射能がこわい』と風評を言われかねないから、キノコを出せない理由を説明したくもない」。

青森市で採れたサクラシメジでも同月、基準値をわずかに超えた。県が出荷しないよう指示すると、同市産の野生キノコは店頭から一斉に消えた。

青森駅近くで八百屋を営

（朝日新聞2012年11月19日付）

8 内部被曝を防ぐには？

ねらい

内部被曝は、放射性物質が含まれる物を食べた時、息をして吸い込んだ時などに起きる。
そこで、放射性物質が体内に入らないようにする必要がある。

質問 放射線を体にあてると外部被曝をする。
では、内部被曝はどのようにして起きるのだろう。

話し合う

・放射性物質が入っている物を食べると起きる。
・砂ぼこりなどに放射性物質が混じっていて、それを吸い込むと体の中に入る。

課題10 内部被曝をしないようにするには、どうしたらよいだろう？

自分の考えを書き、話し合う

・放射性物質が含まれている物を食べなければいい。
・でも、放射性物質は目に見えないから困る。
・放射性物質が含まれていても、これなら安全だというものを食べる。
・１kg当たり100ベクレル以下の物ならよいという基準がでたね。そういう物を食べるとよい。
・除染をしたり、強い風でほこりが立つような時は、放射性物質を吸い込まないように、マスクをするほうがよい。

資料を見て話し合う

■食べ物の調理法による除染《じょせん》される量の例

資料

米をとぐ	白米	ストロンチウム90が60 ～ 90%、セシウム137が65%
	水でとぐ	さらに50%
ゆでる・煮《に》る	ホウレンソウ、シュンギク	セシウム、ヨウ素が80%
	スパゲティ	セシウムが70 ～ 80%
	魚（カマス）	セシウムが50%（魚では内臓と骨に多く含まれるので、それらは食べない）
酢《す》づけ	キャベツ、レタス	ストロンチウムか30 ～ 60%、セシウムが90%
水洗い	キュウリ、ナス	ストロンチウム50 ～ 60%
	マグロ	セシウムが50%
	貝、エビ	ストロンチウムが10 ～ 30%

（原子力環境整備センターの資料「環境パラメータシリーズ」から）

・玄米を食べると体にいいというけど、放射線のことを考えると白米のほうがいいね。
・洗ったり、ゆでたりすれば、だいぶとれるんだ。
・ゆでた時、ゆで汁に放射性物質が出るから、ゆで汁は捨てる。
・酢づけも同じだね。つけ汁をしぼりとって食べるといいね。
・食品は、安全だという物を売ってほしい。そういう物を買う。

●まとめ●
確かになったことを書く

食べる時に気をつけて調理をすると、かなり除染ができる。できるだけ放射性物質を体内に入れないことが大切である。

■体は修復機能を持つ

放射性物質が人体の中で放射線を出して、細胞を傷つけても、体はそれを治すようなはたらきをもっている。

しかし、治しても治しても次々と傷つけられては、治すのが間に合わず、細胞が死んだり、がんになったりする。

だから放射性物質を体に入れないほうがよい。

課題11 放射性セシウムを毎日10ベクレルずつ食べ続けると、1年で3650ベクレルが体内にたまると考えるのは正しいだろうか？

自分の考えを書き、話し合う

・10ベクレル/日×365日＝3650ベクレルになるから正しいと思う。
・体内に摂り入れられても、便になって捨てられるものもあるんじゃないかな？

資料を見て話し合う

■植物の多い食事を

植物性食品には、消化できない食物繊維《しょくもつせんい》が多く含《ふく》まれている。消化しなかった物は便にして排泄《はいしゅつ》するので便通《べんつう》がよくなる。そのため、不要な成分の吸収がおさえられる。いも類、まめ類、キノコ類もよい。

ミネラルのなかまのカリウムは、わたしたちの全身の細胞に含まれている大事なものである。放射性セシウムはカリウムと性質がよく似ているので、細胞の中に摂《と》り込まれやすい。

もし、カリウムが細胞の中に充分にあれば、腸からの放射性セシウムの吸収がおさえられる。

カリウムは植物の大事な栄養素なので植物の体の中には必ずある。植物を食べればカリウムを摂取《せっしゅ》できる。植物性食品を食べることは日常的に大事である。

しかし、野菜にも放射性物質が吸収されるので、心配な物は調理方法を工夫する必要がある。

■みそが放射性物質を運び出す

みそにはジピリコン酸という物質が含まれていて、消化管に入ったセシウムなどをみそに吸着して排出することが、動物実験で確認されたそうである。

また、長崎の原爆《げんばく》投下後、秋月辰一郎《あきつきたついちろう》医師(当時、浦上第一病院医長)は、被曝障害《ひばくしょうがい》で死亡する人を出さないために、炊事《すいじ》に携わる人々と医療スタッフに「玄米飯《げんまいめし》に塩をつけて握るんだ。からい濃い味の味噌汁《みそしる》を毎日食べるんだ」と、厳しく命じたと述べている。(秋月辰一郎著『長崎原爆忌』より)
秋月医師をはじめ、職員も入院患者も死なずに生活できたとのこと。

■カリウムを多く含む食品

バナナ・パセリ・ニラ・ホウレンソウ・ヤマトイモ・サトイモ・モロヘイヤ・アシタバ・コンブ・ワカメ・納豆・大豆・キュウリのぬか漬け　など

・体内に入ってもすべて残るわけじゃなくて、尿や便になって出るんだ。
だから、毎日10ベクレル食べても１年で3650ベクレルにはならない。
・体内に残っているものも、しだいに減っていくんだ。
・便になって出るのなら、排便がしっかりできることが大事だ。
・排便がよくなるように、野菜をよく食べるといいね。
・カリウムを多く含んだ野菜を食べると，セシウムの吸収を少なくできるんだね。

■体内に入ったセシウムやストロンチウムが、
尿《にょう》や便になって排出《はいしゅつ》されて半分に減る期間

セシウム137……………………70日
ストロンチウム90……18.2年

・セシウム137は70日で半分になるけれど、ストロンチウム90は半分になるに、18.2年もかかるよ。
・やっぱり体の中に入れないほうがいいね。

●まとめ●
確かになったことを書く

体内に摂り入れられた放射性物質は、尿や便になって排出されるので、摂り入れた物がすべて体内に残ることはない。

便になって捨てられるのであれば、排便がよくなる食事を摂ることが大事である。

バランスのよい食生活をするように心がけよう。

それにしても、放射性物質は体の中に入れないほうがよい。

9 安全に生活できるようにするには？

ねらい

外部被曝に合わないためには、放射性物質に近づかないこと。放射性物質を取り除くことである。

課題12 校庭の土をはぎとったのは、何のためだろう？

自分の考えを書き、話し合う

・放射性物質が入っている土をはぎとった。
・校庭の土にくっついている放射性物質をはぎとらないと、校庭で遊ぶこともできない。
・体育も、運動会もできない。体にあたる放射線が多いから、外部被曝を防ぐためだね。

資料を見て話し合う

■外からの放射線が直接体にあたるのを外部被曝といいます。
汚染された校庭の土は、はぎとればそれでよいだろうか。

資料

6cmの深さぐらいまではぎとればおよそ90%放射性セシウムを取り除くことができるそうです。こうすれば、校庭に出ても直接放射線を受ける危険はなくなります。

■放射性セシウムの蓄積

地表からの深さ5cm	80%
地表からの深さ10cm	95%

・校庭の土を10cmの厚さではぎとるの？
・5cmぐらいまででほぼとれてるよ。
・それにしてもその土の量すごいよ。どうするの？

【質問】
はぎとった土はどうするの？
集めると放射性セシウムが固まるので、放射線が強くなる。

・校庭の隅のほうに埋めて、青いビニールシートをかぶせてあると聞いたことがあるよ。
・そこ危険だね。近づいちゃ絶対にだめだね。
・そんな所があるって怖いな。

「家で除染した土などを、庭の隅に置いた人もいる」

・こんな危ない土を家の庭に置いておくの？
・セシウム137の半減期は30年だね。半分になるのにこれだけかかる。それを家の庭に置いておくの？
・仮に置いておくんだね。

自宅敷地のすみで保管

「福島市の常円寺の住職は、寺の裏山に集めるようにした」

・ここも仮置場だ。
・どこかに集めないといけないね。

表土回収

「さて、除染した土はどこに置くのがいいだろう？」

考えを出し合ってみる。

木の表面もけずりおとす

●まとめ●
確かになったことを書く

外部被曝を防ぐために、汚染されている土を取り除くことをする。

セシウム137は半減期が30年である。多量のセシウム137がまき散らされた。それが半分の量になるのに30年かかり、残りが半分になるのにまた30年かかる。それでもなくならない。わたしたちが生きている間に、まだまだセシウム137は残っているのだ。

汚染された土を集めておく場所も問題である。

■危険な居住地域の再区分

東京電力福島第一原子力発電所の事故で計画的避難区域となっていた所が、３区域に再編された（2012年８月17日）。

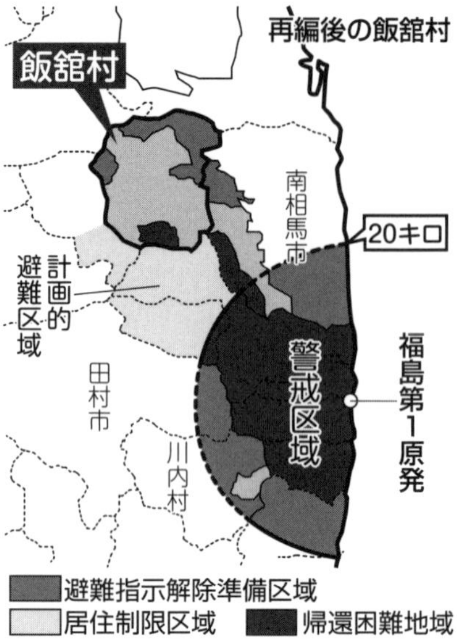

避難指示解除準備区域
（年間放射線量20ミリシーベルト以下）
店の営業可能。まだ居住することはできない。

居住制限区域（年間放射線量20～50ミリシーベルト）
手続きをすれば一時帰宅はできる。

帰還困難区域（年間放射線量50ミリシーベルト超）
少なくとも５年間は戻れない。

課題13 **避難指示解除になった地域は、自由に立ち入ることができるが、除染をしないと外部被曝のおそれがある。では、どのような除染をしたらよいだろう？**

自分の考えを書き、話し合う

・道や庭の土を取り除く。
・家の屋根を水で洗う。
・庭木や草は、みんな切りとってしまう。放射性セシウムがくっついているから、しかたがない。

図や資料を見て話し合う

資料

■除染効果《じょせんこうか》の例《れい》（空間放射線量の低減率）

家屋（屋根）	ブラシがけ、拭き取り	0～70%
	高圧洗浄《こうあつせんじょう》	10～30%
家屋（雨どい）	拭き取り	30～90%
	高圧洗浄	80%以上
屋外（庭）	コケ・雑草・表土すき取り	60%以上
	土じょうはぎ取り	60～90%
屋外（芝）	大型芝はぎ機ではぎ取る	50～80%

（日本原子力研究開発機構などの資料から）

どこをどのように除染するか

・ゴミや水のたまりやすい所に放射性物質が多いね。
・家は屋根も壁もサッシも、ゴシゴシこすりとらないといけない。
・側溝にたまっているものをすくいとる。
・道路の土をはぎとる。
・コンクリートだったら、こすり落とす。
・水田の土は取りかえなければいけないのかな？
・果樹園では木を高圧洗浄したり、木の皮についているのをこそげとったりしたそうだ。
・はぎとったりした汚染された土はどこへ持っていくの？　それが問題。
・人が住む所から遠く離れた所へ持って行く。
・高圧洗浄では、水が下水道や川に流れ込み、やがては海に行く。海を汚染するね。

●まとめ●
確かになったことを書く

家や庭や田畑などを除染すれば、外部被曝を受けないようにすることができる。しかし、はぎとった土はものすごい量になる。どこに置くのかが問題である。

洗い流せば、川や海を汚染することになるので、海の生物を汚染する。これも問題である。

課題14 福島県の双葉町は、会津若松に「仮の町」をつくり、2016年に町立の小・中学校を再開するという。それは、なぜだろう？

自分の考えを書き、話し合う

・原発に近くて、放射線の量が多くて住めない。
・危険区域で立ち入りできないからだ。
・１年半たっても放射性物質の除染ができていないから。
・住める所に「仮の町」をつくろうと考えた。

「仮の町」を計画中の４町と会津若松市

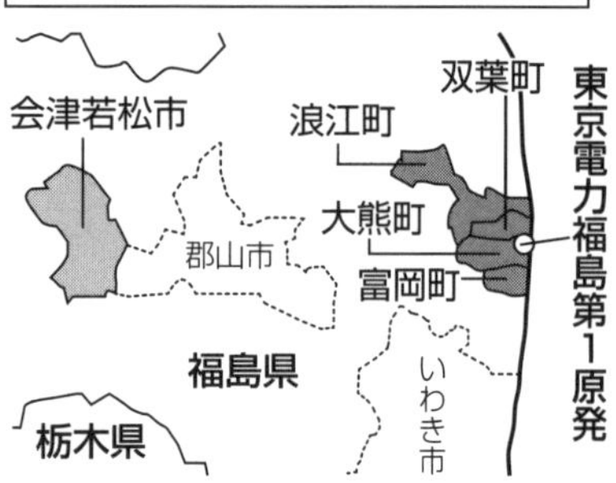

双葉町 「仮の町」で学校再開 16年4月方針 住民の帰還促す

東京電力福島第一原発事故で役場機能を埼玉県加須市に移し、震災直後から町立の小・中学校全3校の休校が続いている福島県双葉町は、2016年4月に福島県内に設置を検討している「仮の町」に学校を開設する方針を固めた。これにより、同原発を抱える福島県双葉郡のすべての自治体で、小・中学校再開のめどがついた。町は、学校を再開することで「仮の町」への住民の帰還を促す考えだ。

双葉町教委教育総務課によると、9月1日現在、町の幼稚園～中学3年生の児童・生徒の56％にあたる377人が県外に避難し、県内にいる295人（44％）を上回る。町は休校した小・中学校について、役場が避難する埼玉県加須市で再開することも一時検討したが、住民の県外避難などの対応に追われ、学校再開を断念。子供たちは現在、それぞれの避難先にある学校に通っている。

震災後、町から転出した児童・生徒は69人に上り、町は、学校の再開が町のまとまりを維持し、復興を進めるうえで欠かせないと判断した。「仮の町」についての計画を話し合う「復興まちづくり委員会」が、学校再開についても検討している。「仮の町」で学校を再開する場合、既存の施設を活用するか、新たに建物を建設するかなどが課題となる。

同町など双葉郡の8町村は、役場機能や住民の移転・避難を余儀なくされ、小・中学校の大半も休校した。このうち、役場機能が

(読売新聞2012年11月8日付)

資料を見て話し合う

- 双葉町の56%の子どもたちが福島県外に避難している。
- 2012年４月には、双葉町は11.022μSv/時だったが、まだ10.580μSv/時であまり下がっていない。
- 浪江町も同じだよ。４月は3.165μSv/時で、９月は3.266μSv/時だから放射線量が高くて住むことができない。
- 帰れるようになるのだろうか。
  （ここは除染の計画も立っていないことをつけ加える）
- 県内の住める所に「仮の町」をつくって、学校も建てるのだ。

■2012年９月11日の１時間当たりの空気中の放射線量

双葉町	10.580μSv
浪江町	3.266μSv
飯舘村	0.830μSv
南会津町	0.09μSv
会津若松市	0.06μSv

大熊町民の96%　5年以上帰れず
福島の避難区域再編

野田政権は30日、原子力災害対策本部の会議を開き、東京電力福島第一原発事故で全域が警戒区域になっている福島県大熊町について、三つの区域に再編すると決めた。人口約1万1千人のうち96%が住んでいた地区が、5年以上帰れない「帰還困難区域」となる。12月10日午前0時から実施する。

避難区域の再編は、福島第一原発の立地自治体では初めて。福島県の対象11市町村では6番目となる。

大熊町は引き続きほぼ全域で住めない状況が続くが、住民のうち約370人は5年以内の帰還を目指す「居住制限区域」に、約20人は早期帰還を目指す「避難指示解除準備区域」に含まれた。一方、同町議会は9月、住民の分断を避けるため、2017年3月まで全域で帰還しないとする復興計画案を可決している。

野田政権は今年4月から、年間換算の放射線量に応じた3区域への避難区域の再編を進めている。ただ、地域社会をどう保つか、区域ごとに賠償額が違うといった問題から、実際に見直しが実現されるまで時間がかかっている。

新規求人数（原数値）は前年同月比13・8%増え、32カ月連続で増加したが、製造業は同5・6%減とマイナスが5カ月続いている。特に自動車を中心とする輸送用機械は、東日本大震災後に増産した昨秋の反動もあり、同33・6%減った。

総務省発表の完全失業率は、男性が0・1㌽改善の4・3%、女性が0・1㌽悪化の3・9%。完全失業者数（季節調整値）は前月と同じ273万人、就業者数（同）は前月比31万人増の6300万人だった。

（朝日新聞2012年11月30日付）

●まとめ●　確かになったことを書く

１年半たっても放射線量が高くて危険なため、他の地域に住むしかない。県内の住める所に「仮の町」をつくることにした、そして、学校を再開しようというのだ。しかし、住みなれた土地に帰れないのは悲しいことだろう。5年以上たっても帰れない人たちもいる。

10 原子力発電とは？

ねらい

火力発電では、石油や石炭などを燃やして水蒸気をつくり、水蒸気が吹き出してタービンを回転させて発電機で電気を発生させる。原子力発電は原子炉内で燃料のウランを核分裂させて発生した高熱で水蒸気をつくってタービンを回転させて電気をつくり出すものである。

課題15 火力発電と原子力発電はどこが違うのだろう？

自分の考えを書き、話し合う

- 火力発電は、石油や石炭を燃料にしている。
- 原子力発電は、ウランなどを使う。
- 核分裂をさせてそのエネルギーで電気を起こす。

資料（①～④）を読む

① 自転車の発電機

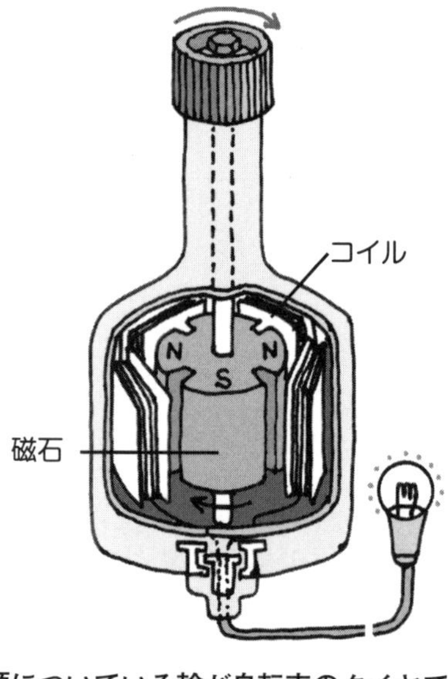

頭についている輪が自転車のタイヤで回されると、中の磁石が回り、電磁誘導で外側のコイルに電気が発生する。

② 水力発電

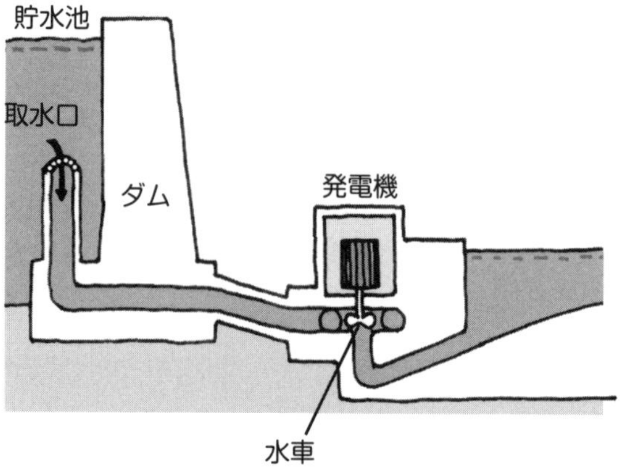

水力発電所では、高い所から流れ落ちる水のエネルギーで水車を回して電気をつくる。

発電機の中の磁石を回転させると、コイルに電気が発生する。

③　火力発電

　石油や石炭などを燃やし、水蒸気をつくり、吹き出す水蒸気でタービンを回す。すると発電機の中の磁石が回転して、コイルに電気が発生する。

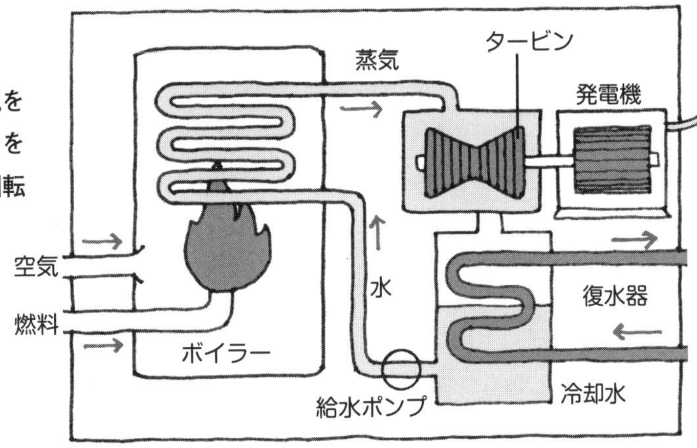

④　原子力発電

　ウランを核分裂させ、その時に発生する高熱で水を水蒸気にかえ、それを吹き出させてタービンを回し、発電機に電気を発生させる。

■加圧水型原子力発電所のしくみ

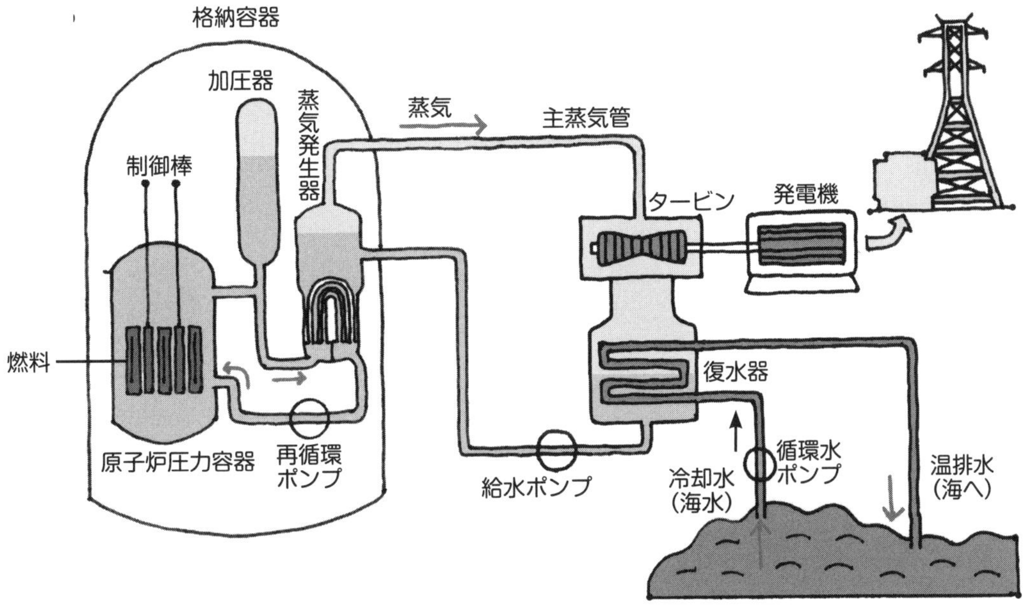

　加圧水型とは、原子炉の中の水に150気圧を加えて、水の沸騰する温度を340度まで高くしてある。（わたしたちが暮らしている場所の気圧は、1気圧前後で、水は約100度で沸騰）

　その熱湯が原子炉から蒸気発生器へと流れ、外側を流れる水を水蒸気にする。

●まとめ●

確かになったことを書く

　火力発電と原子力発電のしくみは、燃料が違うのである。

課題16 火力発電も原子力発電も基本的な発電のしくみは同じだが、それぞれに問題がある。何が問題だろう？

自分の考えを書き、話し合う

・火力発電は石油や石炭を燃やすので、二酸化炭素が出る。
・それで、地球温暖化になるといわれている。
・原子力発電は、事故が起きた時、放射性物質をまき散らす。
・外部被曝や内部被曝が起きて、体に害をおよぼす。
・事故が起きなくても、燃料を燃やしたあとに、放射線を強く出すものが残って、その始末に困る。

「原子力発電所のしくみ」（45ページ）を読む

・ウランの核分裂の連鎖反応を起こさせるんだね。
・その時に石油などの100万倍もの熱が出る。
・その熱で水を水蒸気にしてタービンを回す。
・タービンが回ると、発電機が回って発電するんだ。
・使い終わった水蒸気を冷やすために海水を使う。
・だから海の近くに原発をつくっているんだね。
・放射性物質が外にもれないようにしなければいけない。
・使用済みの燃料棒も冷やしながら保管しなければいけない。

●まとめ● 確かになったことを書く

原子力発電は、核分裂によって発生する高熱で水蒸気をつくり、タービンを回転させて発電機に電気を発生させている。たくさんの電気をつくるのには効率がよい。しかし、制御もむずかしく、燃料棒は使ったあとも高い放射線を出すので、だれも近づけない所に置かなければならない。これはだんだんたまってくるので、問題になっている。

また、福島原発のような事故が起きると、放射性物質が放出され人々の健康・生命が危なくなる。

コラム

原子力発電所のしくみ

核分裂《かくぶんれつ》の連鎖反応《れんさはんのう》で発生する熱を利用して水を水蒸気にし、この水蒸気でタービンを回して発電します。

1　燃料棒《ねんりょうぼう》と原子炉《げんしろ》

燃料は融《ゆう》点の高い二酸化ウラン（この中にウラン235を約３％含む）という化合物を、直径・長さとも１cmのペレット（焼き固めたもの）にして、長さ４ｍほどのジルコニウム合金の被覆管《ひふくかん》に詰《つ》められています。

連鎖反応が起ると、このペレットが激しく発熱する（単位質量あたり石油などと比べて100万倍）ので、自分の熱で融《と》けてしまわないように、高速で水を流します。この水が熱を奪《うば》って水蒸気になり、タービンを回して発電します。

2　冷却《れいきゃく》

このタービンを回したあとの水蒸気を海水で冷却して、水にして原子炉に戻します。

この時大量の冷却水が必要になるため、原発はどこの国でも海か大きな川のそばにつくられます。

この冷却は非常に重要です。

3　特別の課題

大量の放射性物質を扱うので、外に漏《も》れ出さないよう完全に閉じ込めておかなくてはなりません。

また、使用済みの燃料棒は核分裂生成物《せいせいぶつ》などが崩壊《ほうかい》し続ける（放射線を出し発熱する）ので、長い年月の間冷却させながら完全に保管し続けなければなりません。

沸騰水型原子炉

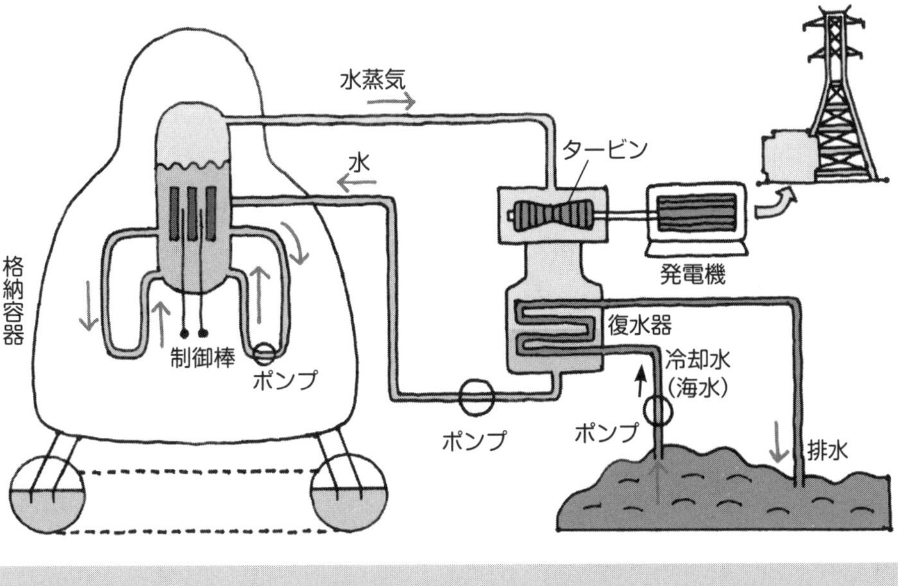

コラム

核分裂《かくぶんれつ》とは？

原子炉内《げんしろない》では、ウラン235が核分裂を起こし、その発熱を利用しています。

燃料棒《ねんりょうぼう》の中のウラン235はそれだけでもアルファ（α）線を出して半減期７億年で崩壊《ほうかい》していきますが、中性子《ちゅうせいし》を１つ吸収するととたんに不安定になり、２つの核に分裂します。(下図)

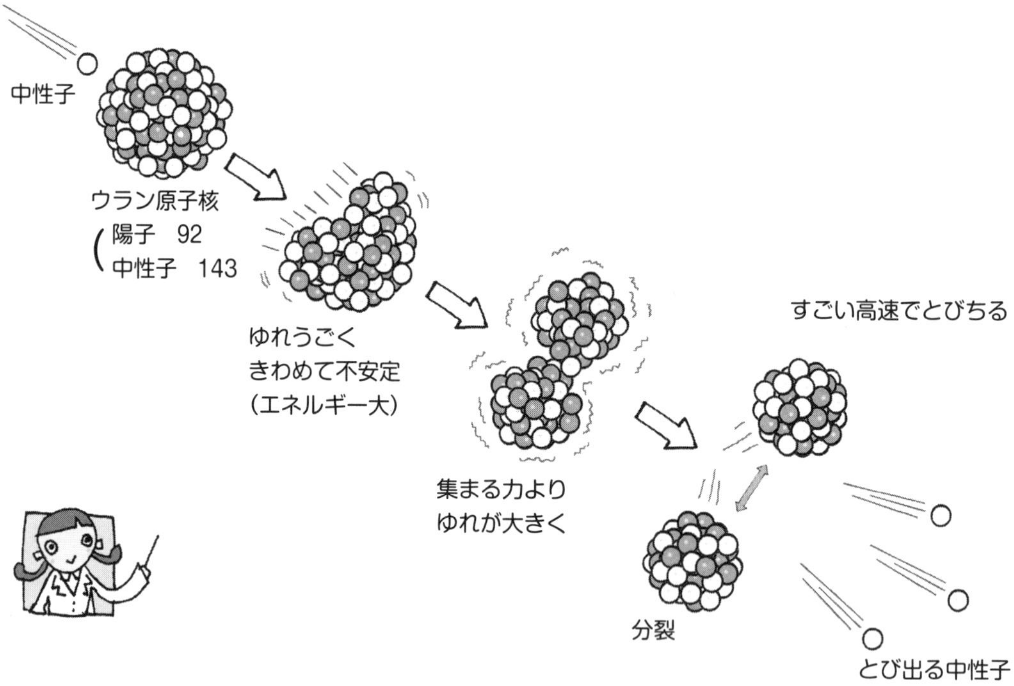

この核分裂片の多くは、質量数90あたりの原子核（ストロンチウム、クリプトンなどの同位体《どういたい》）と140あたりの原子核（ヨウ素、セシウム、キセノンなどの同位体）になります。

この時、反応の前後で、原子核のエネルギー差のほとんどが分裂した核の運動エネルギーになり、それらがほかの核にぶつかり、その分子運動を激しくするので、温度が上がります。これが「発熱」です。

この核分裂の際に放出されるエネルギーは非常に大きく、石油の燃焼などの化学反応と比べて、１反応あたり１億倍くらいになります。

１つだけが反応しても、出すエネルギーはわずかなものですが、この核分裂の時２～３個の中性子を出すので、それがほかのウラン235に当たると、また核分裂を起こします。これが次から次へと起こり（連鎖反応《れんさはんのう》という）、それによって大きな発熱になります。

この中性子の数を原子炉の制御棒《せいぎょぼう》（中性子を吸収する性質をもつ）などで調節し、連鎖反応の進みぐあいをコントロールしています。

核分裂片は、質量数72～160の間のさまざまなものを80種類ほど生じます。これらは全体として中性子数が過剰《かじょう》で、安定な核になるまでベータ（β）線やガンマ（γ）線を出して壊変《かいへん》していきます。

壊変の速度はさまざまで、数秒で壊しつくすものから半減期20万年を超えるものまであります。

この壊変の際に出すエネルギーを崩壊熱といいます。

使用済み核燃料の中には、核分裂片が含まれているため100万KW級の原子炉の場合、連鎖反応を止めても、その直後で15万6000KWの発熱があり、10年後でも1,130KWの発熱があります。

だから原子力発電所では、プールに入れて冷却させています。そのため、冷却水を常に循環させています。

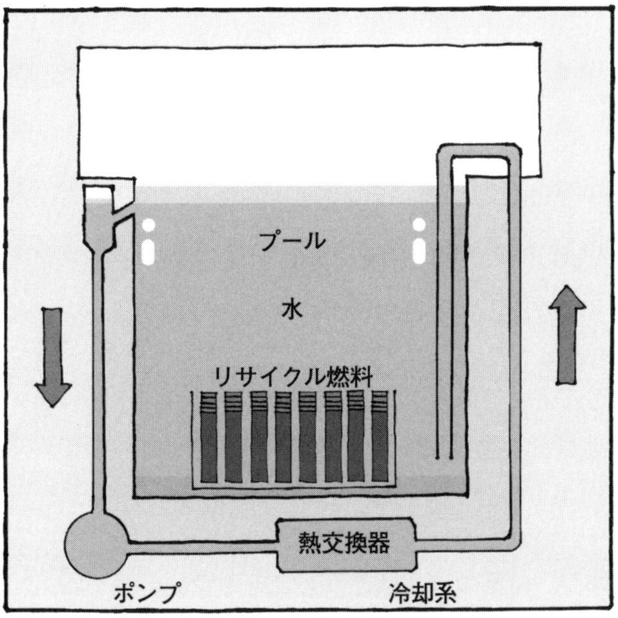

使用済み燃料棒プール

11 原子力発電はエコか？

ねらい

火力発電では、二酸化炭素が発生するので環境問題になっている。原子力発電では二酸化炭素が発生しないかわりに、高い放射線を出す使用済燃料棒ができ、その保管が問題である。命がけで働く人たちがいて、原発は動いている。

課題 17 **原子力発電は、二酸化炭素を出さないからエコであるといわれてきたが、問題になるものを出さないだろうか？**

自分の考えを書き、話し合う

・福島の原発事故で、放射性物質がまき散らされて問題である。
・人体に害になる放射性物質ができることが問題である。
・核燃料を使ったあとに高い放射線を出し続ける燃料棒が残り、何万年も埋めておかないといけない。
・原子力発電所では、高い放射線を出しているので、普通の人は近づけない。
・特別な人たちが働いているんだ。その人たちも被曝する。
・二酸化炭素を出さなくても危険がいっぱいだ。
・エコとは言えない。

資料を見て話し合う

①　資料１（49ページ）を見る

・人が近づくことができないほど大量の使用済み核燃料ができているんだ。
・もう、いっぱいになりそうな所もあるんじゃないの？
・こういう物が、自然の中につくられていくのだから、原発はエコとは言えない。
・原発事故が起きると、放射性物質がまき散らされて、人が住めないところができてしまう。
・二酸化炭素を出すことより、もっと怖いものになる。
・二酸化炭素は植物が吸収するけれど、原発のゴミはどうしようもない。
・とてもエコだとは言えない。
・こんなに危険な物をつくり出しているのに「安全」と言ってきたのはおかしい。

資料1

増え続ける使用済燃料棒《しようずみねんりょうぼう》の量

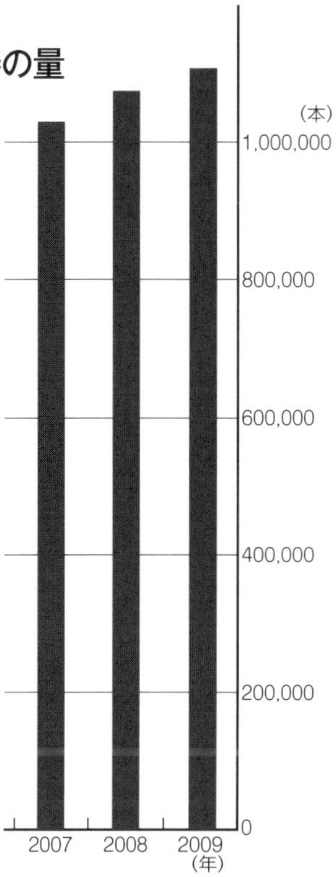

触れるとすぐ死亡するほどの高い放射線を出す原発ゴミ。地下300mの所に埋めることが考えられている。現在、原子力発電所の敷地内《しきちない》のプールに保管されているが、いずれ一杯になってしまうだろう。

資料2

原発労働者

人数　2011年３月末　約3700人
1年間の総被曝線量《そうひばくせんりょう》
20ミリシーベルト

被曝を防ぐ
1　防護服を着て働く。
2　１年間の被曝量が決められている。放射線量計を身につけて働く。

②　資料2を見る

・原発で働いている人。けっこう大勢いるなー。
・被曝しないように工夫していても、被曝しないことはないので、被曝線量が決められているのだ。
・線量計を身につけて働いている。

●まとめ●
確かになったことを書く

原子力発電所が動いている限り、放射性物質をもった廃棄物ができる。それぞれの原子力発電所のプールに保管されている。現時点でも相当な量だが、これからもできるので、置場所に困るだろう。原発はエコとは言えない。

原子力発電所で働く、特別な労働者がいる。被曝することは覚悟であるだろう。国は１年間の被曝量を決めているが、命がけで働く人たちがいて、原発は動いているのだ。

12 原子力発電所はどこにあるの？

ねらい

日本には原発が54基ある。どれも海岸につくられているのは、冷却水に海水を利用するためである。
東京、名古屋、大阪などの大都市が使う電力を、これらの原発がつくってきた。都市の近くに原発をつくればよいのに、それをしないのは、事故があった時、都市の大勢の人が被曝するからである。

課題18 日本のどこに原発があるか調べてみよう。

地図（右ページ）を見て話し合う

・福島第一原発は廃炉にすると決めたから、使えるのは50個だね。
・海岸にあるのは、原子炉を冷やすのに海水が必要だから。
・海岸にあるから事故が起きると海を汚染する。

「電力をいちばん使っているのは大都市なのに、原発を都市の近くにつくらないのは？」
・東京の近くなら福島第一原発のような事故が起きると、たくさんの人が被曝することになる。
・東京の住民が全員（約1000万人）が避難できるかな？
・福島第一原発のような事故が起きると、東京なら首都として仕事ができなくなってしまう。

汚染水80リットル海へ流出

福島第1 処理施設の配管はずれ

東京電力は26日、福島第1原発（福島県大熊町、双葉町）のタービン建屋地下などにたまった高濃度放射能汚染水の処理施設から放射性ストロンチウムなど大量の放射能を含む水が漏えいし、排水溝を経て海へ流出したと発表しました。海へ流出した80リットルと推定される水には、放射性物質が1～2億ベクレル含まれているとみられます。

福島第1原発からは、昨年12月にも、水処理施設から大量の放射性ストロンチウムを含む水が漏えいし、排水溝などを通じて流出しています。経済産業省原子力安全・保安院は同日、東電に対し、漏えい水の回収、原因究明と再発防止策を指示しました。

漏えいが見つかったのは、処理施設のうち、汚染水から塩分を減らす淡水化装置を出た濃縮水をタンクへ送る配管。配管の継ぎ手が完全にはずれていたといいます。漏れた水には、放射性セシウム1

水処理施設の配管から漏れた大量の汚染水＝26日、東京電力提供

（しんぶん赤旗2012年3月27日付）

●まとめ● 確かになったことを書く

日本の原発は、冷却のために、海水がたくさんとれる海岸につくられている。

都市の近くに原発をつくらないのは、事故が起きた時、ものすごい数の人が被曝してしまうからだ。避難もたいへんだ。「安全だ」といっていながら、こういうことを考えてつくったのではないか。

■原子力発電所のある所　2011年３月11日運転中54基、３月11日以後４基廃炉

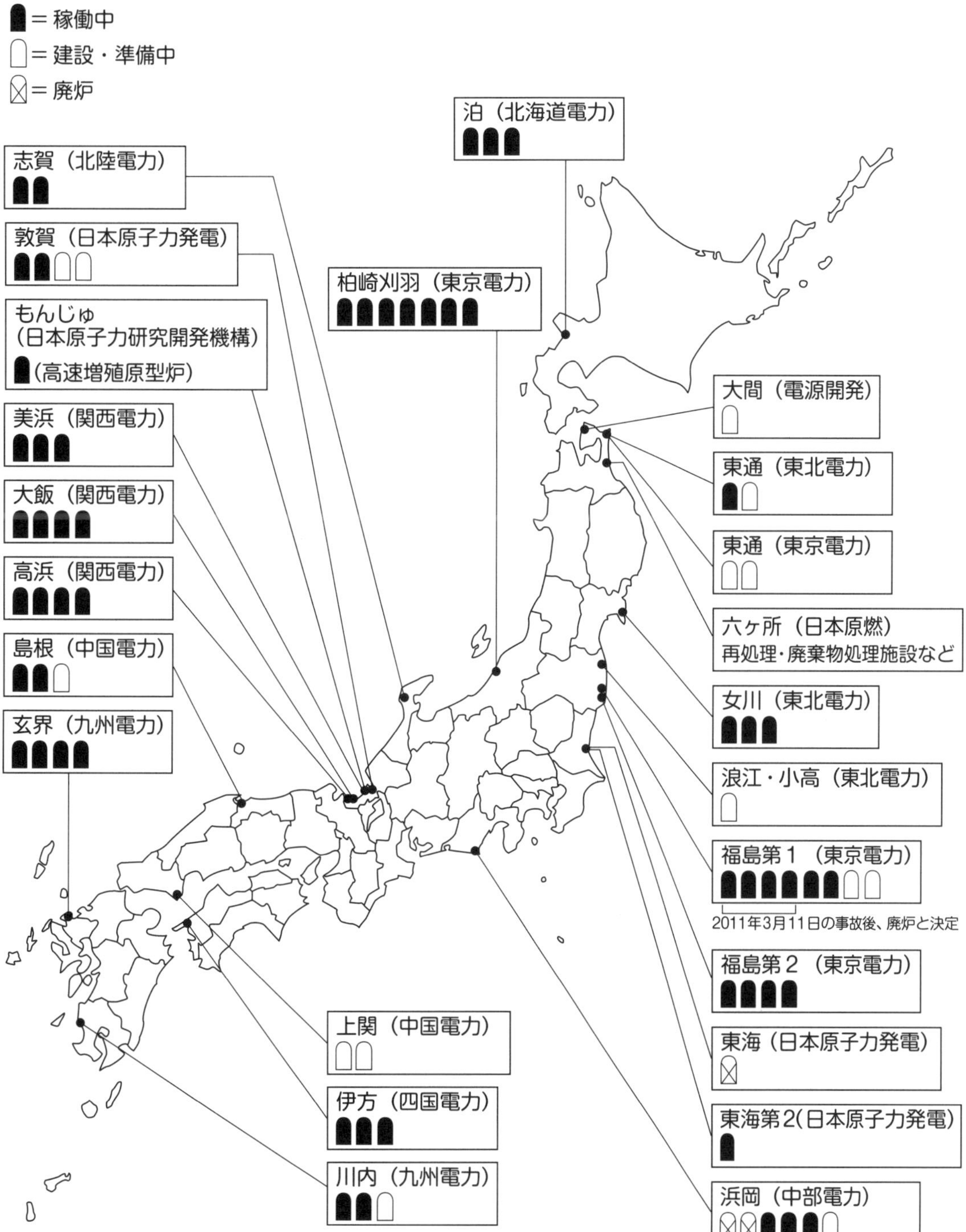

※「原子力白書」、資源エネルギー庁資料などから作成

13 原発はどうしてつくられたの？

ねらい

1　わたしたちは、たくさんの電化製品で便利な生活をしている。

2　原発は、原子爆弾をつくったことにはじまる。原子爆弾をつくるのに核分裂反応の研究が進められた。
戦争後は「原子力の平和利用」という主張から進められた。

質問１ わたしたちが便利だといって使っている電化製品をあげてみよう。

自分の思いつくものを書き、話し合う

・冷蔵庫、洗濯機、テレビ、電気炊飯器、レンジ、オーブン、自動車、パソコン、携帯電話
・新鮮さを保てる冷蔵庫、入れておけば洗って乾燥までしてくれる洗濯機、家にいて世界のことがわかるテレビ
・便利だよね。
・オール電化の家もあるよ。

質問２ 家庭以外で、どんな所で電気が使われているだろう。

・工場。物をつくる時に使うよ。
・工場のためにも、発電所は必要だ。
・電車、特急電車、飛行機

課題19　原子力発電所は、どのようにしてつくられてきたのだろう。また、これまでに事故はなかったのだろうか？

自分の考えを書き、話し合う

・わたしたちの生活が便利になるような電気製品がつくられるようになった。
・そういう物を使うと、電気を多く使う。
・そういうものをつくれば、工場や店がもうかる。だからどんどんつくる。
・それで、電気がたくさん必要になって原発をつくった。
・でも原発は危険だ。チェルノブイリ原発の大きな事故もあった。
　こんどの福島原発も同じくらいだそうだ。

原子力発電がつくられてきたおおよその歩みを見てみよう

■原子力発電所の歩み

1945年８月６日	広島にウラン原爆投下（アメリカ）
８月９日	長崎にプルトニウム原爆投下（アメリカ）
	●今日までに30万人以上の生命を奪った。
1954年３月１日	ビキニ環礁で、アメリカが水爆実験
	●160kmも離れていた日本のマグロ漁船第五福竜丸が「死の灰」をかぶる
	久保山愛吉さんは半年後の９月23日死去、23人原子病
	「原水爆の被害者は私を最後にしてほしい」（久保山）
	●放射性物質が海を汚染
1954年６月27日	ソ連、人類史上最初の原子力発電に成功
1955年８月	第１回原水爆禁止世界大会
1955年11月	「原子力平和利用博覧会」（読売グループ主催）
	その後「原子力平和利用キャンペーン」を各地で行う。
1956年	イギリス黒鉛減速炭酸ガス冷却炉の運転開始（６万KW）
1958年	アメリカ加圧水型軽水炉（10万KW）を開発
1960年	アメリカ・沸騰水型軟水炉（18万KW）を開発
1961年10月30日	ソビエト連邦（ソ連）が50メガトンの水爆実験（１メガトン＝100万トン）
	●アメリカとソ連の核軍備競争
1960～1970年代、日本は経済高度成長に、電力需要急増。農業国から工業国に向かっていく	
1973年	石油ショック、石油関連商品値上り
1966年７月25日	日本の最初の原発（茨城県東海村）アメリカから輸入
	政府や原子力産業界「次代をになう第二の火」「安全でクリーン」と宣伝

1970年	敦賀原発１号機、美浜原発１号機
	●万国博覧会に送電
1971年	福島第一原発
1972年	美浜原発二号機
1974年６月３日	日本政府「電源三法」成立
	●電源開発促進税法
	（年間3000億円以上の税金が原発を引き受けた自治体への特別交付金となる）
	●電源開発促進対策特別会計法
	●発電用施設用辺地域整備法
1979年３月	アメリカのスリーマイル島原発事故
	●原子炉の崩壊はまぬがれたが、13万5000人が避難したと言われる
1985年９月	柏崎刈羽原発一号機運転開始
	●1973年から十数年にわたる反対闘争があった
	●その後建設が進む
1986年	ウクライナ共和国（当時はソビエト連邦）のチェルノブイリ原発事故。大爆発を起こす。原発から600kmもはなれた所も放射性物質にまみれた。（600kmは東京から神戸まで）その後も原発の建設は続く。
1997年3月11日	東海再処理施設で火災・爆発・放射性物質放出
1999年9月30日	J･C･O　ウラン溶液製造工程で事故。被曝者多数、２名死亡。
2011年３月11日	福島第一原発爆発
2012年	脱原発の市民運動が広がる。

年表を見て、次のことを話し合う

①核分裂を利用することは、どんなことから始まったのか?

②日本では3回の被曝を受けたが、それはどんな時か?

③「原水爆禁止世界大会」が開かれたのはなぜか?

④日本の原発はどのようにしてつくられたのか?

・原発をつくるキャンペーンは?

・原発をつくる土地を確保するためにどうしたか?

⑤福島第一原発事故以前に事故はなかったか?

⑥脱原発の市民運動はどのようなものか?

●まとめ●
確かになったことを書く

●核分裂エネルギー開発のきっかけは原子爆弾であった。

●アメリカとソ連の核軍備競争でいっそう核分裂に関する研究が進められた。

●原子力発電所もアメリカとソ連の競争で開発された。

●日本人は、原爆と水爆実験の被曝によって、その恐ろしさを知っているので、原発をつくることを恐れる人たちが多くいた。
しかし、政府と産業界は強く進め、原発立地を受け入れるように、交付金を出す法律までつくった。
そして、原発は政府や産業界が言う「第三のエネルギー」「安全でクリーンなエネルギー」という「安全神話」により原発建設が進められた。スリーマイル島やチェルノブイリの原発事故があっても発電の比率を次第に上げてきた。しかし、福島原発事故によって、放射性物質が放出され、住むことのできない土地ができたり、放射性物質から身を守る生活をしなければならなくなった。

●原発のない社会をつくろうという市民運動が起きてきた。原発を使わないで、自然エネルギーによって電力をうること、節電することを考えるようになった。

14 これからのエネルギーは？わたしたちの生活は？

ねらい

これまで学習したことから、これからのエネルギー問題や自分たちの生活について考える。
（みんな考えを出し合って話し合うが、結論は出さなくてもよい）

まとめの課題

これまで学んだことから、これからのエネルギーについてどう考えたらよいだろう。わたしたちの生活についても考えよう。

●次の3つの項目について、自分の考えを書く。

1　初めて知ったこと。そういうことだったのか、わかったこと、もっと知りたいことなどを書く。

2　これからのエネルギーは、どのような獲得のしかたがよいだろう。その理由は？

3　便利に、楽しくなってきたわたしたちの生活も、電気エネルギーによる。これからの生活について考えることは？

考えを出し合って、話し合う

1　書いたことを発表し、みんなで話し合ってみよう。

2　これからのエネルギーについては、次のようなことを話し合っておきたい。
(1)　自然エネルギーとは何か。その可能性は?
(2)　地産地消のエネルギーはどうか?　地域で使う電気は地域でつくる。
(3)　火力発電でも二酸化炭素を少なくすることはできないか?

3　わたしたちの節電について考えてみよう
・電気のむだ使いをしているところはないか?
・便利だからといって使いすぎていないか?

15 考えられる自然エネルギー

風力、太陽光、太陽熱、地熱、水力などの自然の力を借りたエネルギーのことを自然エネルギーという。

石油や石炭、ウランなど、やがて枯渇してしまうものと違い、くり返し使い続けられるものからつくられるエネルギーという意味で、「再生可能エネルギー」と呼ばれることもある。

■風力発電

風でプロペラ(風車)を回転させ、その動力で電気をつくる。風力発電は、プロペラの傾きや向きを常に最適にするためにコンピュータを利用した全自動システムで、試験運用されている。

太陽光発電と異なり、風さえあれば夜間でも発電できる。

■水力発電

水が高いところから流れ落ちるエネルギーで水車を回し、発電機を回転させて電気をつくっている。

水力発電には、ダムによってせき止めた水を利用する「ダム式」、川の上流で水を取り入れ、急な落差をつくった「水路式」、上下二つのダムを使い、夜間に発電機をポンプとして使って下のダムから上に水を汲み上げる「揚水式」などがある。

■バイオマス

バイオマスとは、動植物などから生まれた生物資源の総称。石炭や石油などの化石資源を除いたもの。バイオマス発電では、生物資源を「直接燃焼」したり「ガス化」するなどして発電する。間伐材やもみがらなど廃棄物を利用したバイオマスもある。

■太陽光発電

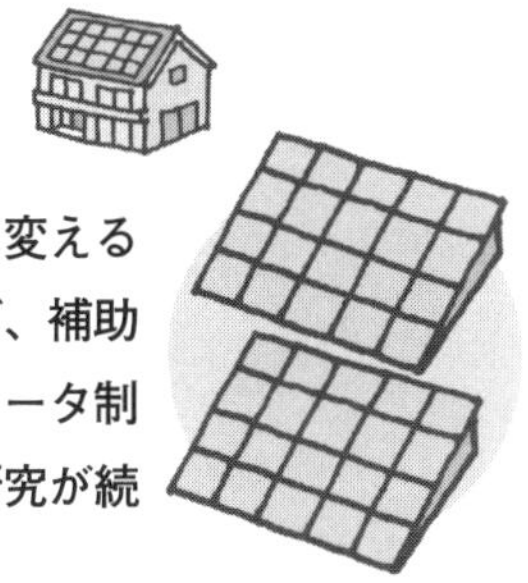

太陽の光を直接電気に変えるので天気に左右されるが、補助的な発電としてコンピュータ制御で効率よく利用する研究が続けられている。

屋根、壁などの未利用スペースに設置できるため、新たに用地を用意する必要がない。

■地熱発電

地中の熱で水蒸気をつくり、それでタービンを回します。タービンを回して発電機を回転させて電気をつくる。地熱発電は、地球にやさしいクリーンエネルギーとして注目されている。温泉の多い所では可能だろう。

■波力発電

波力発電は波が上下することで空気の流れをつくり、この空気の流れでタービン（羽根車）を回す。

波の荒れることの多い日本海では有望な発電方法だが、海上から陸上の変電所まで電気を送ることが大きなネックになっている。

知っておきたい
原発Q＆A

授業として直接取り上げませんでしたが、知っておきたい
いくつかの事がらについて、Q＆Aの形で述べることにします。

Q1 原発の爆発で放出された放射性物質を体に浴びた人たちはいなかったのでしょうか。

A

1954年のアメリカの水爆実験で、日本のマグロ漁船第五福竜丸が降ってきた灰をかぶりました。そして乗組員が被爆しました。この時、死者が出たので「死の灰」と呼ばれるようになりました。

福島第一原子力発電所の爆発で被爆し、住民に死者が出たことは聞いていません。

しかし、広い範囲に放射性物質がまき散らされたのですから、それによって外部被曝をした人たちがいることは考えられます。

福島県双葉町では、2011年３月12日午後３時36分に起きた福島第一原発１号機の水素爆発によって放出された塵をかぶった人たちがいました。放射性物質がまじった「死の灰」に被爆したのです。（参照　朝日新聞「プロメテウスの罠」―「死の灰」降ってきた）

Q2 政府（野田佳彦前首相）は2011年12月16日に「原発事故収束宣言」をしました。だから、もう放射性物質は放出されていないでしょう？

A

福島第一原発では、2012年11月14日に東京電力が３号機の原子炉建屋にカバーをかける計画を発表しました。これまでにカバーをかけたのは１号機と４号機です。２号機と３号機はまだ覆いがないので、量は少ないですが、放射性物質が放出されています。

原子炉建屋カバーをかけますが、内部の放射性物質の濃度を下げるために、フィルター付の換気設備をつけるそうです（朝日新聞　2012.11.15）。カバーをすると内部に放射性物質がたまるというのですから、カバーなしだと放出されているのです。

まだ事故の整理ができていませんし、除染されないままの土地や家などがたくさんあります。これで「事故収束」といえるでしょうか。

Q3 ホット・スポットって何ですか？

A

放射性物質がたくさんある場所をホット・スポットと言います。福島第一原発から離れたところでも、空中に放出された放射性物質が雨などによって、多くつもった所もあります。

東京の水元公園もホット・スポットでした。小さな箇所では、雨どいの下、砂場などがあります。雨どいの下の泥をかきとってうめる必要がありますし、砂場では、砂の入れかえをしなければなりません。こうした所も放射線量計で調べるとよいでしょう。いずれにしても、ホット・スポットには近づかないことが第一です。

Q4 「雨が降ったら傘をさせ」といわれたけど、どうして？

A

福島第一原発から放出されてる放射性物質が０になったわけではありません。それに、放射性物質に汚染されている木の葉や土が風で舞い上がれば、放射性物質が散らされます。それが、雨で流し落とされるので、雨が降ったら傘をさしたほうがよいでしょう。特に降り始めが問題です。

Q5 福島第一原発は海岸にあり、爆発で放出された放射性物質の７割は、海に入ったそうです。海水で放射性物質が広がるので、薄められると危険は少なくなるのでしょうか？

A

海洋の中に拡散されるので濃さが小さくなることは事実です。しかし、放射性物質はなくなりません。

日本原子力研究開発機構のシミュレーションによると、汚染水が2014年３月にハワイ諸島近くに到達するそうです。セシウム137は海水１Ｌあたり0.04ベクレルほどの濃度だと予測しています。薄まりますが、海全体に広がっていくと考えられます。

東京電力では「福島第一原発の事故で、高濃度の放射性物質に汚染された魚類が発電所港湾内から外へ出るのを防ぐため、港湾入り口などに仕切り網を設置することを検討している」（朝日新聞2012.12. 4）そうです。

なお、放出される放射性物質の量が少なくなったので、海の表層には放射性物質が少なく、海底に沈澱している物が多くなっています。そのため、生物の汚染も海底近くの生物の汚染量が大きくなっています。

たとえば、福島県沖の表層魚のシラス5.9ベクレル/kg、イカナゴ53ベクレル/kgに対し、底生魚のクロダイ3300ベクレル/kg、メバル1700ベクレル/kg、アイナメ670ベクレル/kg、ババガレイ780ベクレル/kgなどのようです。（水産庁2012年９月27日発表）

Q6 わたしたちが生活している周りにも放射線が出ているっていうけどほんとう？

A

太陽はもちろん、土や木などからも放射線は出ています。ですから、原発事故が起きなくても各地に放射線が出ているのです。

それも測定されていて都道府県のふだんの放射線の量は60ページの地図に記入してあるとおりです。

わたしたちの生活する環境では、この程度の外部被曝はがまんできる量としています。

Q7 病院で放射線を使っていると聞きますが、体に悪影響はないの？

A

肺を調べるための胸のＸ線検診やＣＴ（コンピューター断層撮影）検査など、病気を見つけたり、病気の進み具合を調べたりするのに使われていますが、そうした時に受ける放射線

【表1】

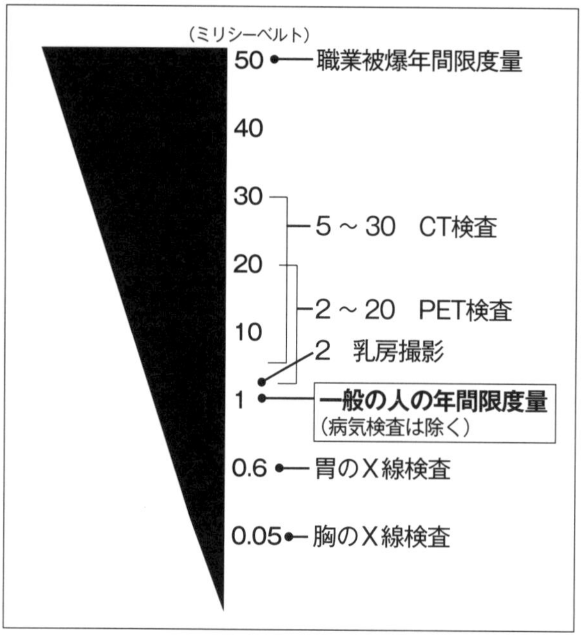
（ミリシーベルト）
50 職業被爆年間限度量
40
30
5～30　CT検査
20
2～20　PET検査
10
2　乳房撮影
1 一般の人の年間限度量
（病気検査は除く）
0.6 胃のX線検査
0.05 胸のX線検査

モニタリングポストの過去の平常値範囲

1mの高さ
（文部科学省　2011年3月11日）

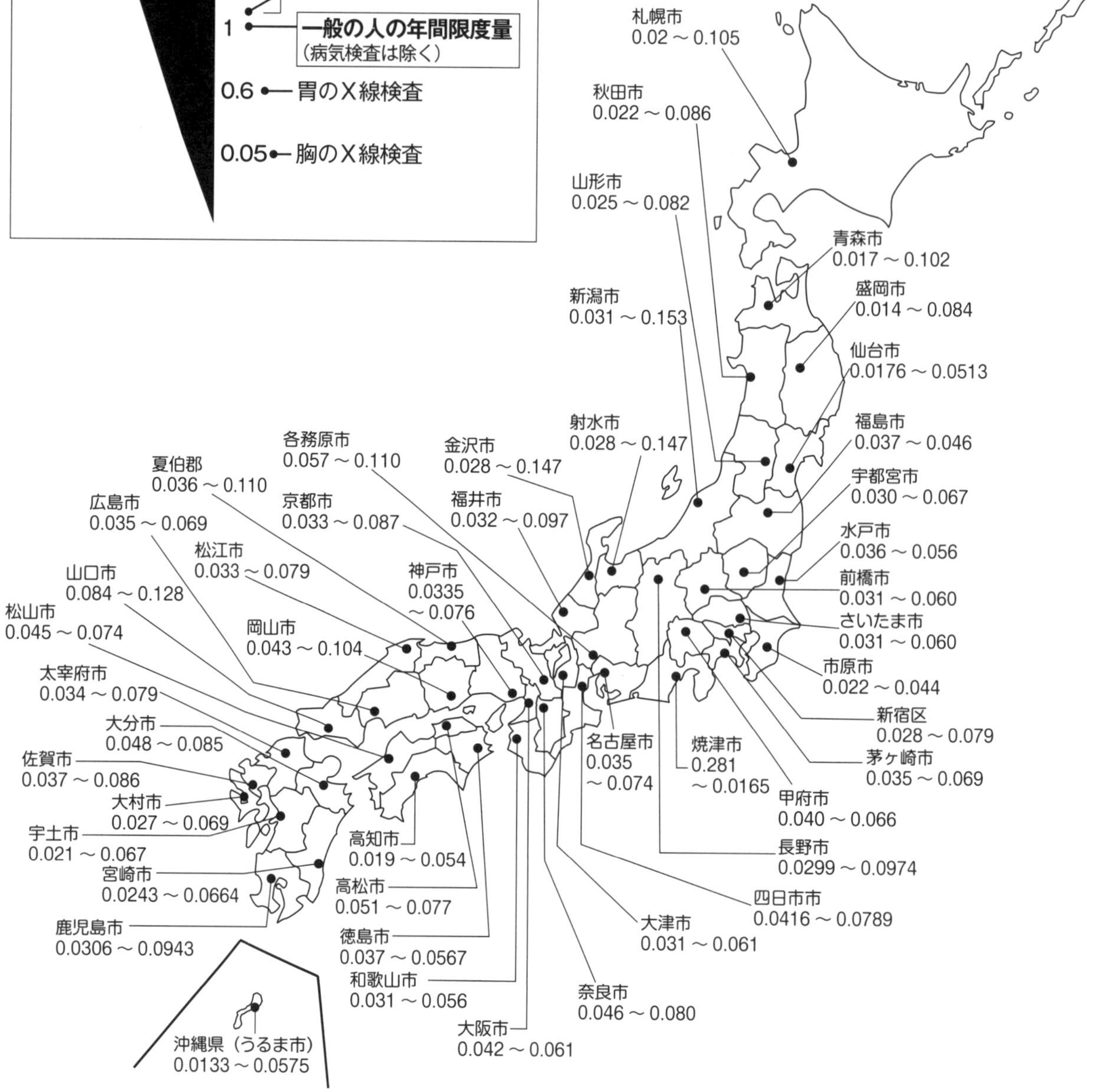
μ Sv/h
マイクロシーベルト/時
札幌市
0.02～0.105
秋田市
0.022～0.086
山形市
0.025～0.082
青森市
0.017～0.102
盛岡市
0.014～0.084
新潟市
0.031～0.153
仙台市
0.0176～0.0513
射水市
0.028～0.147
福島市
0.037～0.046
金沢市
0.028～0.147
各務原市
0.057～0.110
宇都宮市
0.030～0.067
夏伯郡
0.036～0.110
福井市
0.032～0.097
京都市
0.033～0.087
広島市
0.035～0.069
水戸市
0.036～0.056
松江市
0.033～0.079
神戸市
0.0335
～0.076
前橋市
0.031～0.060
山口市
0.084～0.128
さいたま市
0.031～0.060
松山市
0.045～0.074
岡山市
0.043～0.104
市原市
0.022～0.044
太宰府市
0.034～0.079
新宿区
0.028～0.079
大分市
0.048～0.085
名古屋市
0.035
～0.074
焼津市
0.281
～0.0165
茅ヶ崎市
0.035～0.069
佐賀市
0.037～0.086
甲府市
0.040～0.066
大村市
0.027～0.069
宇土市
0.021～0.067
高知市
0.019～0.054
長野市
0.0299～0.0974
宮崎市
0.0243～0.0664
高松市
0.051～0.077
四日市市
0.0416～0.0789
鹿児島市
0.0306～0.0943
大津市
0.031～0.061
徳島市
0.037～0.0567
和歌山市
0.031～0.056
奈良市
0.046～0.080
沖縄県（うるま市）
0.0133～0.0575
大阪市
0.042～0.061

量は表1のようになります。

PET検査というのは放射性物質を含む薬剤を注射してがんがあるか調べることです。

一般人の年間限度量は普通の生活をしている上での限度量です。

職業被曝というのは、たとえば原子力発電所作業での被曝です。

CT検査などが多くなってきて、病気の検査や治療による被曝が増えてきているので、日本医学放射線学会などでは、患者の被曝量をつかむ仕組づくりを始めたそうです。医療であっても放射線に被曝することはよくないからです。

Q8 湖や釣り堀の魚を釣って食べてもだいじょうぶ？

A

湖や釣り堀などには、川の水が流れ込んでいます。その川の水が放射性物質を含んでいる土地から流れてきていれば、湖などには放射性物質がたまります。そこにすむ魚が汚染されていると考えられますから、検査して安全と確認されていない魚は食べないほうがよいでしょう。

実は、水産庁の発表（2012年9月27日）によると、放射性セシウム量がイワナ460ベクレル／kg、ヤマメ420ベクレル／kg、ワカサギ210ベクレル／kg、ギンブナ220ベクレル／kgなどのように淡水魚では蓄積量が多くなっています。

Q9 水道水や売っている天然水はだいじょうぶ？

A

水道水はだいじょうぶでしょう。福島原発が爆発して間もない頃、東京都葛飾区の浄水場の水から210ベクレル/lのヨウ素131が検出され、水道水を乳幼児に飲ませないようにという報道がありました。これは、水道局が水の汚染を調べている現れです。水道では安全な水が送られていると考えてよいでしょう。

市販されている天然水は、どうでしょう。放射性物質で汚染された山から流れでているものは検査が必要でしょう。検査をして安全であるという天然水ならよいでしょう。

福島第一原発から200km以上離れている青森、長野、静岡などの野生のキノコに基準を超える放射性セシウムが検出されたそうです。（朝日新聞2012年11月17日）キノコは地中に菌糸をのばすので、土の中のセシウムを吸収したと考えられます。山の土がセシウムに汚染されているので、そこから流れ出る水も要注意です。

ポット型の浄水器を使うと70～98%のセシウムやヨウ素を取り除くことができるそうです。

Q10 林や森で、ドングリや落ち葉拾いをしてもだいじょうぶ？

A

山の除染をしてみたら、落ち葉より土の中のほうが汚染されていたことがわかったそうです。木の茎や葉にくっついた放射性物質は、雨が降ると流されるので、葉の汚染が少なくなったのでしょう。

クヌギやカシワなどのドングリは、2012年に開花、結実したもので、葉も春に芽をだし、秋に落葉したものですから直接の汚染は少ないでしょう。土から吸収されたものはわかりません。

気になる場所での採集をする場合は、放射線量計で調べてから行うとよいでしょう。落ち葉をかきまわすようなことをするのであれば、マスクをかけて、ほこりを吸いこまないように気をつけましょう。

Q11 福島の米や野菜は食べないという人がいます。安全面で問題があるのでしょうか?

A

福島は農業県です。農産物の安全には県をあげて検査し、OKとなった物だけを出荷しています。

【表2】福島県農業総合センター露地ほ場（灰色低地土・郡山市）**で栽培した野菜類の放射性セシウム**

（1キログラムあたりの放射線量。単位はベクレル）

品目	土壌のセシウム	野菜のセシウム
キュウリ	4340	0.6
トマト	2986	0.8
ナス	4890	0.8
ピーマン	4002	1.3
エダマメ	3326	11.8
コマツナ	2538	3.1
ホウレンソウ	1794	4.2
ネギ	2104	3.7
ハクサイ	4144	0.3
レタス	4260	0.9
ブロッコリー	3239	5.0
ダイコン	2803	5.5
ニンジン	3389	2.6
サツマイモ	2296	12.3
バレイショ	4905	3.4

米は、1200万袋すべての検査を始めています。2012年11月３日現在では718万3300袋を超える検査をしたところ、基準（100ベクレル／kg）を超えたものは14袋だったそうです。

野菜は、汚染された土壌で栽培してみたところ、放射セシウムの吸収率が低いことがわかりました（表2参照）。それでも、野菜や果実の全品目の検査に取り組んでいるそうです。（参考「しんぶん赤旗」2012年11月５日）

検査をしっかりしたものであれば、むしろ福島産のもののほうが安全であるといえましょう。しかし、基準値以下でも放射性物質が０だというわけではありません。福島産に限らず食品の汚染情報を知りたい時は、厚生労働省のホームページを見るとよいでしょう。

http://www.mhlw.go.jp/

Q12 「福島の子」といわれたり、「もう結婚できない」といったりする人がいます。放射性物質はうつるのですか。

A

放射線がたくさん出ている所（放射性物質の量が多い所）に行く時には、防護仕度をします。そして、そこを出る時には、防護仕度をした物はすべて体から取りはずして置いてきますので、放射性物質はほとんど体についていません。ですから、その人から放射性物質がうつされることはありません。

避難してきた人は、放射性物質をとくに体につけているわけではありません。「福島の子」といって差別した目で見るのはよくないことです。

ある高校生が「もう結婚できない」と言ったと伝えられましたが、放射性物質の内部被爆を受けた人の体の細胞が傷つけられたとしても、放射性物質は遺伝しません。しかし、内部被曝をすると、生殖細胞が傷つけられることがありますので、極力内部被曝しないように気をつけて生活していく必要があります。

Q13 地震の多い日本に原子力発電所をつくってもだいじょうぶなの？

A

世界中の原発のつくられた所をみると、大きな地震が起きない所に、多くつくられています（63ページ地図参照）。日本は地震国ですから原発をつくることは問題ですね。

多くの人が危険性を心配しましたが、「絶対に安全」につくっていると政府や電力会社が説明してきました。しかし、福島第一原発の事故が起き「安全神話」といわれるようになりました。人間がつくったものに絶対安全というものはないと思います。

再稼動した大飯原発の近くに地震を起こす活断層があるらしいということで、地質調査が始まりました。つくる時にはだいじょうぶということでしたが、今後、ほかの原発の土地でも調査が進められていくことでしょう。

福井県の敦賀原発は、活動層が確認され、再稼動しないと原子力規制委員会は決めました。(2012年12月11日)

原発を動かしてできる使用済み燃料棒も問題です。今それは原発の近くにつくったプールに入れています。核分裂で生まれた核分裂片が放射線を出し，その結果、発熱し続けるので水を循環させて冷やしているのです。

水の循環が止まると、水温が上がり水が蒸発して燃料棒が露出し、高温になって溶け出し，危険な状態になります。

地震でこのプールが壊れては大変です。最終的には地下300mもの深さに埋めることを考えているそうですが、これも地震の影響を受けないとも限りません。

Q14 地産地消のエネルギーってどういうことですか？

A

生産された農作物をその地域で消費することを「地産地消」といいます。これと同じ、地域で必要な電気をその地域でつくって使うということです。

東京都の八丈島では、地熱発電で島の電気をまかない「エネルギーの地産地消」を目指すという構想も出ているそうです。発電に使われた蒸気は、温室の暖房用に使われています。

遠くの発電所から送電すると、電流が熱に変化して無駄（送電ロス）がでます。その量は5%ほどになるそうです。地産地消だと、送電ロスが少なくなります。

【参考文献】
「からだのなかの放射能」安斉育郎著（合同出版）
「原発・放射能教室」安斉育郎 文・監修（新日本出版社）
「1　放射線と放射能を学ぶ」「2　なぜ、なに？　原発事故の危険」「3　放射能からいのちを守るために」
「ストップ原発」（大月書店）
「1　大震災と原発事故」野口邦和監修　「2　放射能汚染と人体」野口邦和監修　「3　電力と自然エネルギー」飯田哲也監修　「4　原発と私たちの選択」辻　信一監修
「フクシマから学ぶ　原発・放射能」安斉育郎監修　市川章人、小野英喜、（かもがわ出版）
「放射能からいのちとくらしを守る」日本科学者会議編
「原発事故の理科・社会」安斉育郎著（新日本出版社）
「世界一わかりやすい放射能の本当の話　安全対策編」「世界一わかりやすい放射能の本当の話　子どもを守る編」別冊宝島編集部編（宝島社）
「放射線から子どもの命を守る」高田　純著（幻冬社）
「ピカドン」丸木位里、丸木　俊著（小峰書店）
「長崎原爆記-被曝医師の証言」秋月辰一郎著（日本ブックエース）
「ここが家だ-ベン・シャーンの第五福竜丸」ベン・シャーン絵、アーサー・　バーナード構成・文（集英社）
「元素の小事典」高木仁三郎著（岩波ジュニア新書）
「物理小事典」（三省堂）
「Q&A 放射線物質」大塚徳勝・西谷源展著（共立出版）
「原発はなぜ恐いか」小野　周監修（高文研）

【プロフィール】

江川多喜雄（えがわ　たきお）

1934年長野県生まれ。元東京都小学校教諭。科学教育研究協議会会員、この本だいすきの会会員、自然科学教育研究会代表。
著書に「小学校理科の学力」「身近な自然の観察」「写真でわかる花と実」「写真でわかる花と虫」（以上、子どもの未来社）、「まるごと科学工作」「科学で遊ぼ　おもしろ実験ランド」「人体のふしぎ　子どもたちのなぜ?」（以上、いかだ社）、「なぜだろう　なぜかしら　10分でわかる科学のぎもん」（実業之日本社）、「植物のふしぎ　全3巻」（童心社）、「台所のかがく」（大月書店）など多数。

浦辺悦夫（うらべ　えつお）

1941年東京生まれ。元東京都立高校教師。現立正大学非常勤講師、多摩大学附属聖ケ丘中高非常勤講師。科学教育研究協議会会員、東京物理サークル。
共著に「物理なぜなぜ事典1、2」増補版、「たのしくわかる物理1000時間・上」新装版（以上、日本評論社）

編集●内田直子　イラスト●本多厚二　DTP●渡辺美知子デザイン室

教室で教えたい放射能と原発
子どもと考える授業のヒント
2013年4月18日　第1刷発行

著　者●江川多喜雄　浦辺悦夫©
発行人●新沼光太郎
発行所●株式会社いかだ社
〒102-0072 東京都千代田区飯田橋2-4-10 加島ビル
Tel.03-3234-5365　Fax.03-3234-5308
振替・00130-2-572993

印刷・製本　株式会社ミツワ
乱丁・落丁の場合はお取り換えいたします。
ISBN978-4-87051-390-7